Werner von Swietochowski **SHANNON-LOGBUCH**

Werner von Swietochowski

SHANNON —
LOGBUCH

J. G. Bläschke Verlag A — 9143 St. Michael

Umschlaggestaltung G. POTT, Wiesbaden

CIP-Kurztitelaufnahme der Deutschen Bibliothek

Swietochowski, Werner von:
Shannon-Logbuch / Werner von Swietochowski. —
S(ank)t Michael : Bläschke, 1981.

Druck: J. G. Bläschke Presse, St. Michael
Printed in Austria

ISBN 3-7053-1523-4

Inhaltsverzeichnis

6. 4.: VON DÜSSELDORF NACH DUBLIN

Ruhig zieht die Boing 737 der Aer Lingus ihre Bahn im wetterlosen, tiefblauen Himmel, weit über den Wolken. Wir haben eine Reise gebucht und wollen Irlands größten Fluß, den Shannon, zwei Wochen lang befahren. Da Frühlingsanfang längst vorbei war, können wir trotz der bekannten Launenhaftigkeit des Wetters doch mit einigen Sonnenstrahlen rechnen.

Wir sind fünf: Rita, die beiden Kinder, Maxim sieben und Isabel neun Jahre alt und unser fünfzehnjähriger Neffe Thomas. Für die Kinder ist es der erste Flug. Entsprechend sind sie auch gespannt und verfolgen alle Phasen mit nicht erlahmender Aufmerksamkeit.

Es wird schon eine abwechslungsreiche Reise werden. Die vorher studierten Prospekte mit den vielen bunten Bildern der ausgedehnten Flußlandschaft und den kleinen Schiffen auf dem Wasser ließen unsere Herzen höher schlagen. Selbst ein Boot zu steuern, zu bewohnen und nach Lust und Laune umherzuschippern, das sind Erlebnisse, denen wir entgegenfiebern.

Wir hatten Irland schon einmal gesehen, allerdings aus der Autoperspektive. Das war 1967. Was mag sich in der Zwischenzeit geändert haben? Damals war Sommer. Jetzt hat der Frühling gerade angefangen. Das Land wird sich uns von einer ganz anderen Seite zeigen. Unbekannt, vom Wasser her. Wie gesagt, wenn die Sonne sich nicht zu rar macht. Mir ist noch gut in Erinnerung, welche Kapriolen das irische Wetter schlagen kann. Nach einem Schauer mit platschendem Regen scheint häufig wieder die Sonne, und die nassen Straßen blenden. Und wieder fegt der nie erlahmende Wind neue Wolkenschwaden herbei. Das Spiel von Wasser und Licht kann von neuem beginnen.

Der erste Eindruck aus dem Kabinenfenster, als die Maschine zur Landung ansetzt, sind bis zum Horizont reichende Wiesen, dazwischengestreut Häuser. Die grüne Insel empfängt uns in ihrem Alltagskleid. Und wie gewohnt ist der Himmel auch nicht blau, sondern von zerrissenen Fetzen und wuchtig düsteren Dampfgebilden bedeckt.

Kaum haben wir unseren Fuß auf die Gangway gesetzt, bläst uns auch schon ein eisiger Wind ins Gesicht. Mein Gott, es ist eigentlich schon Frühling. Die Insel liegt doch nahe an Europas Warmwasserheizung, dem Golfstrom.

Wenn angeblich die Winter schon mild sind, wie angenehm müssen dann erst die Frühlingswochen sein. Weit gefehlt. Unter den Mantel kriecht eine unangenehme Kälte. Also, Kragen hochgeschlagen und hinein ins Vergnügen. Gut, daß uns einige Schritte über das Flugfeld zur Eingewöhnung bleiben. Dublin Airport hat noch keine Rüssel, die einen gleich nach der Ankunft schlucken und dafür sorgen, daß man gar nicht erst mit dem Klima der neuen Umgebung in Berührung kommt. Hier muß man noch, wie es früher auch auf unseren Flugplätzen war, mit dem Bus zur Abfertigung fahren.

Ein Fehler bei der Buchung hat uns einen zusätzlichen Tag mit einer Übernachtung in Dublin beschert. Also müssen wir zunächst in die Stadt fahren. Draußen erwartet uns der Transferbus. Der Fahrer verstaut das Gepäck im rückwärtigen Kofferraum und zusammen mit ein paar anderen Fahrgästen holpern wir der Stadt entgegen. Keine Spur von Frühling am Rand der Straße zu sehen. Keine Knospe, die schon aufgeplatzt wäre. Kein frisches Grün. Am Straßenrand sehen wir haufenweise Unrat herumliegen. Gras und Gebüsch decken die Wohlstandsspuren noch nicht zu.

Wir hüpfen wegen der holprigen Chaussee auf und ab. Die Lenksäule des in sich zitternden Busses vibriert heftig. Der Schalthebel vollführt lustige Tänze im Takt der Hubbel. Gelassen steuert der Chauffeur das betagte Fahrzeug durch den immer dichter werdenden Vorortverkehr. Lässig hat er die Zigarette im Mundwinkel stecken. Sein langes schmales Gesicht mit markanten Zügen strahlt Ruhe aus.

Niedrige Häuser, abwechselnd Pubs und Geschäfte säumen die Straße. Es ist bereits Mittag und viele Passanten sind unterwegs. Sicher kommen wir an der von grauen Mauern umgebenen Central Busstation an.

Zum Boswell's Hotel ist es noch ein Stückchen. Unmöglich, mit dem vielen Gepäck im Doppeldecker dorthin zu kommen. Also hinein in das nächste Taxi. Ich winke den Wagen heran. Wenige Augenblicke später steht der klapprige Morris Oxford, Baujahr 1968, vor uns.

Der Fahrer steigt aus. Reg dich nicht über seinen ölverschmierten Anzug auf, der so aussieht, als hätte sein

Träger gerade eine längere Reparatur unter seinem Gefährt hinter sich gebracht! Sein freundliches Lächeln läßt mich die öligen Klamotten schon wieder vergessen. Schnell packt er ein Gepäckstück nach dem anderen in den Kofferraum, dessen Deckel nicht mehr ganz schließt. Hätten eben weniger Zeug mitnehmen dürfen, ich hab's immer gesagt. — Was soll diese unnötige Nervosität? Ein Stück Schnur zwischen dem Griff am Deckel und der Stoßstange löst das Problem.

Die betagte Droschke setzt sich in Bewegung. Aus jeder Ecke kommt ein anderes Geräusch. Der Motor scheint sich zu quälen, macht aber alle Manöver klaglos mit. Immerhin muß er sechs Leute und einen Berg Gepäck durch Dublin's fair City schleppen. 350 000 Meilen hat der Morris schon auf dem Buckel. Und die folgenden Meilen mit der Fracht aus Mitteleuropa wird er ebenfalls überstehen.

„War ein rauher Winter bei uns. Ein paarmal hat es sogar Glatteis gegeben. Kommt in unserem milden Klima sonst kaum vor", erzählt mir der gesprächige Ire am Steuer. „Man mußte viel mehr als sonst heizen. Und die Benzinpreise klettern immer weiter. Wo soll das hinführen?" Wir unterhalten uns wie alte Bekannte. Der Ire macht es einem durch seine Unbefangenheit so leicht.

Ich blicke aus dem Hotelzimmerfenster im ersten Stock auf die gegenüberliegende Straßenseite: Mattbraune Ziegelfassaden. Breite Treppen führen zu den Eingangsportalen. Der Raum vor den Kellerfenstern ist mit einer Mauer und schwarzen Eisengittern vom plattierten Bürgersteig abgetrennt. Die Eingänge werden von weißen

Säulen flankiert, über die sich Bogen wölben oder kleine Dächer spannen. Große längliche Fenster unterbrechen das Mauerwerk. Vor den Parkuhren stehen Autos. So dicht, wie man es von uns her zur Genüge kennt.

Abends in der Hotel-Lounge, in der guten Stube mit abgewetztem Teppichboden, aber einer Menge bequemer Sitze, drängen sich die Feierabendzecher. Frauen und Männer jeden Alters lehnen gegen die Bar oder haben sich auf den Plätzen niedergelassen und trinken und trinken. Dicke Rauchschwaden schweben um die Köpfe. Alle sprechen lebhaft miteinander und blasen Alltag und Trübsal weg.

Der Alte da drüben auf dem Hocker, hat schon gehörig getankt. Eine junge Frau versucht mehrfach vergeblich, ihn von seinem Platz weg nach draußen zu ziehen. „Sean, du hast längst genug, komm nach Hause!" Er prustet durch seine eingefallenen Wangen. Sein Glas auf dem niedrigen, runden Tisch ist erst halb leer. Er sinkt zurück auf seinen Hocker und nimmt noch einen kräftigen Schluck. Mehrfach versucht es seine Begleiterin noch, bis es ihr schließlich gelingt, den seligen Alten rauszukriegen. Ein seltsames Gespann bewegt sich auf den Ausgang zu. Die Tür schwingt ein paarmal hinter den Beiden nach.

In der Ecke, vor der Wand, haben sich drei auffällig geschminkte Damen mit Blumenhütchen zum Plausch niedergelassen. Der Aschenbecher vor ihnen auf dem Tischchen quillt über. Alle halten Zigaretten in den schon braun gewordenen Fingern. Sie fühlen sich wohl.

Keiner stört sich am anderen. Fröhlichkeit und Gelöstheit können sich ungehemmt entfalten.

Nach mehreren vergeblichen Anrufen kriege ich schließlich eine Verbindung zu Mrs. Kelly, die schon seit langen Jahren eine gute Bekannte unserer Familie ist. Selbst das örtliche Telefonat ist während des bereits wochenlang tobenden Poststreiks keine Selbstverständlichkeit. Ich höre, daß mein Brief, in dem ich unseren Besuch angekündigt hatte, nicht angekommen ist. Er wurde mir lange nach der Reise als unzustellbar zurückgeschickt.

„Was, sie wollen in dieser Jahreszeit auf dem Shannon fahren", ruft sie erstaunt aus. „Bei diesem Wetter und dieser Kälte, ein absolut einzigartiges Unterfangen." Was die einheimische Dame da prophezeit, beflügelt kaum unsere gespannten Erwartungen. Na ja, erstmal sehen, was auf uns zukommt. Bange machen gilt nicht.

Der Nachmittag in der Stadt gibt uns einen Vorgeschmack davon, wie das irische Wetter in den Ostertagen mit Wärme geizt. Der Wind, der die Finger klamm werden läßt, wirbelt Papierfetzen über die im Vorfrühling triste O'Connell Street. Viele Menschen hetzen über die Bürgersteige. Man vermißt fast jede Eleganz. Oft machen die Kleidungsstücke einen armseligen Eindruck. Ich merke, ich verfalle dem Fehler einer Wertung zu meiner gewohnten Umwelt. Das ist falsch. „Mensch, beurteile die Leute in dieser fremden Stadt nicht nach den Konsumklischee's; hast du was, bist du was! Hier gelten andere Gesetze. Du kannst gar nicht beurteilen, ob die vielen, die am Freitagnachmittag zum Bus oder ins nächste Geschäft eilen, in dem abgetragenen, unmodernen Zwirn, weniger glücklich sind als deine Landsleute mit dem neuesten Modezeug am Leib. Also, Schluß mit Vergleichen!"

Stück für Stück schieben sich die Autos durch die vollgestopften Fahrbahnen. Tollkühne Motorradfahrer nutzen die entstehenden Lücken aus, um schneller durchzuhuschen. Fußgänger ignorieren sie dabei fast völlig. „Padraic, wo hast du den Sturzhelm?" — „Den brauch' ich nicht." — Trotz dieser Zuversicht ist das Motorradfahren in diesem Verkehr kein ganz so harmloses Vergnügen. „You better look twice before you buy a motorbike", (Überleg dir zweimal, bevor du dir ein Motorrad zulegst) kommentiert der Hotelportier die Slalomkünste seiner todesmutigen Landsleute.

Ich hatte Dublin anders in Erinnerung. Damals war Sommer. Blumen blühten auf dem Hauptboulevard. Eine freundliche Sonne tauchte alles in ein belebendes Licht.

Wir sitzen im wartesaalähnlichen Schnellrestaurant und würgen die wässrigen Spaghetti Bolognese hinunter. Der Klacks hellroten Tomatenmarks bringt auch keine Raffinesse an die Nudeln. „Kein Vergleich bitte!" — „Oder willst du lieber ins Nobelhotel Shelbourne? In Jeans wärst du da deplaziert und soviel Geld gibt die Reisekasse auch nicht her. Also, sei zufrieden!"

In einer Seitengasse der O'Connel Street stehen einige weibliche Streikposten und lutschen gelangweilt an ihren Zigaretten. Keiner beachtet die Schilder, die sie umhängen haben: „We urgently need more pay" (Wir brauchen dringend mehr Geld) Wer braucht das nicht? Und außerdem leidet jeder unter dem Poststreik. Kein Brief, kein Paket. Und das schon seit Wochen.

Um die Ecke haben die Marktleute ihre Stände aufgebaut. Die Kohlköpfe, Tomaten und Möhren sind noch klein und dementsprechend teuer. Zwischen den Ständen schwappen die Pfützen vom letzten Schauer. Papierknäuel, leere Obstkisten, Reste von Salat vermischen sich in der Gosse zu einem zähen Brei. Aus den Metzgerläden wehen Schwaden süßlichen Fleischgeruches. Sägemehl hat sich bis auf das Trottoir ausgebreitet. Schaulustige drängen sich in einer Verkaufshalle mit niedriger Decke und hören dem Starverkäufer zu, der über ihren Köpfen lautsprecherverstärkt Kitschfiguren anpreist. Der Preis purzelt schnell herunter. Die Leute greifen zu. Bald wird der in Keramik modellierte Schnauzer das Kaminsims zieren.

7. 4.: VON DUBLIN NACH ATHLONE

Bevor es wieder zum Flugplatz geht, von dort müssen wir mit dem Transferbus nach Athlone, decken wir uns mit Vorräten für den Tag ein: Räucherfisch, ein großes Stück Käse und ein langes knuspriges Weißbrot. Gegen 10. 30 Uhr verlassen wir mit einem diesmal komfortableren Taxi die Stadt in Richtung Flughafen. Bald komme ich mit dem Fahrer ins Gespräch: „Dieselöl ist sehr knapp." Vor kurzem hat er sich erst ein nagelneues Dieselauto gekauft. Das steht jetzt die meiste Zeit herum, weil an den Saft nicht ranzukommen ist; die Tankstellen schließen auch eher als sonst. „Für die Boote aber gibt es roten Landwirtschaftskraftstoff. Tankschwierigkeiten werden Sie bestimmt keine haben."

Vor dem immer noch kalt wehenden Wind flüchten wir in die Empfangshalle des Flugplatzes. Das Gepäck stapeln wir auf einen Schiebewagen. Es wird noch eine ganze Zeit dauern, bis wir endlich in Richtung Athlone aufbrechen können. Was tut man einige Stunden lang in so langweiliger Umgebung? Nun, man muß eben versuchen, das beste daraus zu machen: Zuerst einmal brauchen wir eine Stärkung in der Bar mit Kaffee und einer Pint of Guiness. Die Kinder probieren unterdessen einige Automaten aus, von denen es eine ganze Menge gibt. Vom Kontinent sind in der Zwischenzeit schon Reisegruppen angekommen. Man entdeckt sie leicht daran, wie sie gekleidet sind: Ein paar Bayern laufen mit Trachtenhut und Gamsbart herum. In der Hand trägt einer verpacktes Angelzeug. Ich dachte zunächst, es wäre ein Gewehr und der Landsmann wollte auf die Pirsch in einem der wenigen irischen Wälder. ,,Da oben in Connemara", sagt er, ,,da fangen wir vielleicht Lachse." Seine Augen glühen dabei vor Jagdfieber.

Der Beamte am Eingang zur Halle, wo nur ein enger Durchlaß für die Eintretenden vorgesehen ist, muß das Gepäck von jedem einzelnen mit einer Spezialsonde nach verborgenen Waffen absuchen. Da er in der Nähe der Tür steht, kriegt er permanent Zug. Dagegen schützt ihn ein kleiner Elektroofen neben ihm auf dem Boden nur unzureichend. In Abständen von einigen Minuten greift er zur Teekanne und gießt sich einen dampfenden Schluck ein. Seine Aufgabe erledigt er ohne Hast. Der Neuankömmling stellt seine Tasche auf einen Tisch. Der Beamte macht eine kreisende Bewegung mit seinem Sensor. Fertig. Die ganze Kontrolle ist innerhalb weniger Sekunden erledigt. Gerne hätte ich gesehen, wie er einen ertappt. Das war mir jedoch nicht vergönnt.

Um zwei Uhr entdecken wir unseren Fahrer, der sich von seinem vierjährigen Sohn begleiten läßt, um auf dem langen Weg etwas Zerstreuung zu haben.

Er verstaut unser Gepäck schon mal im Kofferraum des Busses. Leider geht es aber immer noch nicht los, denn er muß weitere Transferpassagiere abwarten. Endlich gegen drei tauchen die Leute auf: Es sind zwei belgische Ehepaare, die ebenfalls in Richtung Athlone wollen.

Die Geduld wird auf eine harte Probe gestellt. Wann werden wir endlich die Planken unter den Füßen haben?

Angeblich dauert die Fahrt bis zur Marina (dem Bootshafen) von Athlone ca. zwei Stunden. Na ja, ist auszuhalten. Jetzt haben wir schon so lange gewartet.

Der Transfer in dem lädierten Fahrzeug mit abgerissenen Sitzbespannungen, Brandlöchern von Zigaretten in den Polstern, einer mehrere Millimeter dicken Staubschicht hinten, hüpffreudigen Stoßdämpfern und der vom Auspuffgas aromatisierten Heizungsluft ist keine Erholungsreise. Aus den zwei Stunden werden drei. Dazwischen liegt ein längerer Halt auf dem Platz vor einem einsamen Landgasthaus. Der hat offenbar einen doppelten Sinn: Ein Teil der Passagiere wird von einem anderen Fahrzeug abgeholt und fährt in Richtung Süden davon. Ich drehe mich um zu dem Veteranen, der uns bis hierher geschaukelt hat, und sehe, daß der Deckel des Kühlwasserstutzens abgeschraubt ist. Jetzt zeigt sich, daß der Sohn des Fahrers noch aus einem anderen Grund mitgekommen ist. Er muß nähmlich Kühlwasser nachfüllen. Mehrfach geht er zwischen Gasthaus und Bus mit einer Whiskyflasche voll Wasser hin und her und entleert sie in den offenen Stutzen. Bei seiner Arbeit zeigt er keinerlei Hast. In mir steckt noch Nervosität und Ungeduld, während ich beobachte, wie langsam das alles geht. Der Chauffeur läßt sich in der Zwischenzeit seinen Nachmittagstee gut schmecken.

Schließlich erreichen wir nach über drei Stunden die Marina, die außerhalb der Stadt liegt. Etliche Kabinenkreuzer verschiedenen Typs sind im kleinen Hafen vertäut und warten unter diesigem Himmel auf die Freizeitskipper, die schon so auf dieses Abenteuer brennen.

Der Hafen wird umrahmt von einigen Gebäuden. Hinten vor einer Werkstatthalle sind zwei Boote aufgebockt. Das gepflegte Schifferrestaurant lädt ein zu einem stärkenden Mahl, das man an diesem lausigen und kalten Vorfrühlingsabend sehr gut gebrauchen kann. Etwa einen Kilometer flußab zeichnen sich schwach die Konturen der mattsilbrigen Eisenbahnbrücke und die beiden Türme der Hauptkirche der Stadt gegen den grauen Himmel ab. Die Spitze eines schlanken Hochspannungsmastes verliert sich im Dunst. Stille herrscht ringsum. Manchmal hört man von weitem einen Hund bellen. Ab und zu das Brummen eines Autos. Träge wälzt sich der Fluß dahin.

Was machen wir, wenn das Wetter so kalt und ungemütlich bleibt? Unsere freudigen Erwartungen werden ein wenig gedämpft. Eine gewisse Melancholie will sich breit machen. Ach was, weg mit düsteren Gedanken! Man kennt schließlich das irische Wetter und seine Launen. Heute noch Sturm und Regenschauer, morgen lacht die Sonne warm vom Himmel herunter.

Die Formalitäten im Büro sind schnell erledigt. Ich muß einen Scheck in Höhe von 400 Mark als Selbstbeteiligung für mögliche Schäden hinterlegen. Dann bringt uns ein junger Mechaniker im verschmierten Overall zum Boot. ,,Caitriona 5" (gesprochen Katrina) heißt der dickbauchige, aber dennoch schnittige Kabinenkreuzer von 11, 30 m Länger, und 3, 80 m Breite. Und den soll ich zwei Wochen lang steuern, ohne jemals ein Ruder in der Hand gehabt zu haben. Bei dem Gedanken wird mir ein wenig mulmig.

Nun, der Bursche macht erst mal in Optimismus: ,,Ist alles halb so schlimm, ich zeige Ihnen gleich, wie das geht.“ Schnell erläutert er mir die Funktion der Knöpfe und Schalter und weist mich auf die täglichen Wartungsarbeiten an der Maschine hin: Jeden Morgen müssen Öl und Kühlwasser nachgesehen werden. Dazu muß man den Teppich in der Hauptkabine zur Seite rollen und die Klappe im Boden öffnen. Dann hat man den 70 PS Perkins Diesel in seiner ganzen Größe unter sich. Unweit des Ruderstandes liegt die Mappe mit den Sicherheitsbestimmungen. Die müsse ich auch genau studieren, ermahnt er mich.

,,Wird ja alles halb so wild sein“, geht es mir durch den Kopf, während mein Instruktor den Motor startet. Einer macht die Leinen los und schon bewegt sich das Boot vom Kai weg. Man merkt gleich den Profi am Ruder. Ein kurzes Spielen am Gashebel und dem Steuerrad und schon gleiten wir hinaus auf den Fluß. Wir fahren einige hundert Meter zu Berg und wenden dann.

Jetzt ist der erhebende Augenblick gekommen: Zum ersten Mal übernehme ich das Ruder. Beim Hin- und Herdrehen des Rades merke ich, wie träge der Bootskörper auf die Ausschläge reagiert. Vor der Einfahrt ins Hafenbecken übernimmt wieder der Ire. Im engen Wasser zeigt er mir dann, wie man den Kahn auf der Stelle wenden kann: Ruder am äußersten Anschlag lassen und abwechselnd Vollgas vor- und rückwärts. Das Ding dreht sich tatsächlich brav um seine eigene Achse. Sieht alles so leicht aus. Im Augenblick verspüre ich noch keine Lust, zu trainieren. Heute fahren wir eh nicht mehr los.

Es ist schon zu spät geworden. Außerhalb des Bootes immer noch keine Zeichen von Frühling. Durch die Fugen bläst es herein. Die Pullover bleiben am Leib. Bloß keine Kälte an den Körper lassen. Wie soll man sonst wieder warm werden? Mit Müh und Not gelingt es mir, die Heizung in Gang zu setzen. Das geht nicht ohne eine Menge beißenden Rauches, der sich nur langsam verzieht. Der Wind steht offenbar auch ungünstig. Ein Teil des Abgases wird in das Boot hineingedrückt. Macht nichts. Abenteuer muß sein. Man muß sich an alles gewöhnen.

Ich inspiziere das Boot und lese die Sicherheitsbestimmungen. Das erste, was mir auffällt, ist, daß eine Schwimmweste und Notfackeln fehlen. Und dabei wird dringend empfohlen, vor allem in Schleusen und bei Sturm, Schwimmwesten zu tragen. Was, wenn man auf einem der Seen auf Grund läuft und weit und breit kein anderes Schiff zu sehen ist? Ich male mir so einige Katastrophensituationen aus, bleibe aber dabei ganz ruhig. Morgen werde ich die unentbehrlichen Gegenstände sicher bekommen.

Was da alles zu beachten ist! 110 Punkte sind in einem Ringbuch unter Klarsichthüllen abgeheftet. Das muß alles in den Kopf hinein. Jawohl Junge, du bist der Kapitän und du hast die Verantwortung für fünf Personen. Ein bißchen unheimlich wird mir schon, als ich das lese, was alles passieren kann und was man im richtigen Augenblick tun muß, um mit heiler Haut davonzukommen: Fahren eines falschen Kurses auf einem der großen Seen, ausströmendes Gas, Aufsetzen auf Grund oder einem

Riff. Dann noch die Nautik und Steuerung: Anlegen immer mit dem Bug gegen den Strom, Ein- und Ausfahren bei Schleusen, Festmachen an anderen Booten, gegenseitige Hilfeleistungen, Ankern, Bunkern von Dieselöl und Wasser, ständiges Aufladen der Bordbatterien (der Motor muß deshalb mindestens drei Stunden täglich laufen), Beachtung der Markierungszeichen in der Fahrrinne, deren Breite ständig wechselt und schließlich der Einsatz des am Heck vertäuten Ruderdingis. Die Liste könnte noch beliebig verlängert werden. Wenn man so viele Punkte versucht hat zu behalten, fragt man sich, wann das Vergnügen und die Entspannung anfangen. Oder doch nur Nervenkitzel?

Die ,,Caitriona 5" soll für zwei Wochen unsere Behausung sein. Ich schaue mich bis in den letzten Winkel um und stelle fest, das müßte gehn. Für die Kinder, Maxim sieben Jahre, Isabel neun Jahre und Thomas 15 Jahre wird es einige Strapazen geben. Für die Eltern natürlich auch. Aber von denen erwartet man ja ohnehin eine gewisse Härte.

Also, die beiden Kleinen werden in die Bugkabine einquartiert. Thomas, der älteste der Jungmannschaft und Bordkameramann bezieht die Achterkajüte. Die Eltern müssen sich ihre Betten in der Hauptkajüte über dem Motor und gleich neben dem Steuerrad bauen. Die Liegen sind aus der Wand zu ziehen. Es bleibt jedoch noch so viel Platz, daß man vom Vorschiff zum Heck gehen kann. Pantry, Toilette und Dusche liegen unterhalb des Hauptraumes noch vor der Bugkabine. Eine zweite Toilette liegt achtern vor der dortigen Kabine. Die Raumaufteilung ist praktisch gelöst. Vom Eisschrank bis zum Gasboiler, Geschirr und Schrankfächern reicht die Liste der Ausstattungsgegenstände. Der zivilisatorische Rahmen stimmt.

Wenn die Sonne schön warm scheint, läßt sich das Verdeck nach rückwärts schieben. Das wird fein, mit offenem Dach wie die Filmstars in Hollywoodstreifen unter freiem Himmel über das Wasser zu rasen. Halt! So viel Fahrt macht der Kahn nicht, aber es wird wohl für einen ähnlichen Eindruck reichen.

Heute wird keine Herdflamme mehr angezündet. Die Angst vor dem Gas ist noch zu stark. — Das Abendessen im Gästehaus der Marina bei Kerzenschein hat seine Reize, auch wenn die Gartenerbsen aus einem Kugellager gefallen zu sein scheinen und die Pommes frites an Schwindsucht leiden. Schließlich sind wir nicht hierhergekommen, um kulinarischen Genüssen zu frönen. Es warten ganz andere Dinge auf uns. Da kommt es zuallererst auf kräftige Kost an. Was das Mahl vermissen läßt, macht das dunkle Guiness Stout mehr als wett. Satt wie schwarzes Moorwasser liegt es im Glas. Der Schaum baut kaum ab. Bei jedem Zug saugt man eine Energieladung in sich hinein. Ich werde Energie nötig haben.

Nach dem Essen trotten wir ziemlich abgespannt die paar Schritte zum Boot zurück. Die Vorbereitungen für die erste Nacht an Bord laufen an. Rita macht zuerst die Kinderbetten im zugigen Vorschiff. Dann das Bett achtern. Jetzt muß sie das Gas doch anstellen, denn die kalten Kojen müssen durch Wärmeflaschen erst vorgeheizt werden. Zehn Minuten später ist aus den Schlafkammern kein Laut mehr zu hören. Der lange und anstrengende Tag hat alle müde gemacht. Unsere Schädel brummen etwas. Für den Start morgen müssen wir fit sein. Also rein in die Koje und nicht zu viele Klamotten ausziehen, sonst frieren nachher noch die Zehen ab.

8. 4.: VON ATHLONE NACH CLONMACNOISE

Kurz vor dem Aufwachen träume ich von einem opulenten irischen Frühstück mit Würstchen, Pampelmusensaft, Spiegelei, Schinken, Toast mit Marmelade und ganz heißem Tee. Bevor ich die Augen öffne, fasse ich mir an die Nase und ziehe den Finger schnell wieder zurück. Die ist ja eiskalt. Hilft nichts. Einmal muß der Sprung aus den Federn gewagt werden, denn der Traum von eben wirkt noch nach.

Als erstes muß ich den Motor starten und die Heizung in Gang setzen. Während der Diesel zu tuckern anfängt, springt das Heizgebläse erst nach etlichen Startversuchen an. Was an beißend, nur mäßig warmer Luft aus den Düsen strömt, unterscheidet sich erheblich von der behaglichen Atmosphäre eines Früstückssaales im wohltemperierten Hotel.

So allmählich schälen sich die anderen aus den Betten. An eine ausgiebige Körperflege ist nicht zu denken. Allein der Gedanke daran macht frösteln. Wie es draußen aussieht, kann man durch die ganz von Kondenswasser beschlagenen Scheiben nicht erkennen. In jedem Fall aber scheint keine Sonne. Vorsichtig stecke ich den Kopf hinaus und ziehe ihn gleich wieder zurück. Nieselwetter und Kälte. Puh. Das zehrt an den Nerven.

Auf dem Herd fängt das Teewasser an zu sieden. Wir beginnen damit, den Frühstückstisch zu decken. Da ruft Rita mir von oben zu: „Du, hier qualmt es!“ Sofort hetze ich die drei Stufen nach oben und sehe, wie dicker Rauch von der rückwärtigen Toilette in die Kabine zieht. Im Nu ist der ganze Raum in schweren Qualm gehüllt. Hinten schlagen Flammen unter der Platte hervor, die in der Toilette die Heizungsanlage abdeckt. ,,Kinder, nichts wie raus! Gepäck raus! Löschen! —" Zuerst probiere ich den Feuerlöscher. Zum ersten Mal in meinem Leben. Ich haue auf den Knopf, und es sprüht ganz gewaltig. Meine rechte Hand ist mit einem Eishandschuh bedeckt. Die Flammen scheinen erstickt zu sein, aber es raucht umso mehr. Sicher ist sicher. Rita bringt mir noch einen Eimer Wasser, den ich noch drüberkippe. Wir können kaum noch atmen. Das Feuer scheint gelöscht. Alle Mann sind von Bord. Das Gepäck liegt auf dem Dach der Heckkabine und wird im feinen Regen zusehends nasser. Maxim und Isabel hüpfen ungeduldig von einem Bein auf das andere und klappern vor Kälte. Und weil sie noch nichts Warmes im Bauch haben.

Jetzt renne ich die 150 Meter zum Geschäft, das freilich geschlossen ist. Sonntag. Gottseidank macht mir der Kaufmann nach längerem Schellen auf. Er ist schon aufgestanden und hilft mir gleich, die Telefonverbindung nach Athlone herzustellen. Ortsgespräche werden vom Poststreik ausgeklammert. Die Automatik klappt ohne Operator. Der Mann am anderen Ende der Leitung durchschaut den Ernst der Situation sofort. In zwanzig Minuten will er da sein.

Wenig später quietschen die Bremsen eines Kombiwagens. Gemächlich steigt John, der Mechaniker in ölverschmiertem Overall aus. ,,Good Morning, we had a fire on bord (Guten Morgen, war hatten ein Feuer an Bord)“, stammele ich, immer noch aufgeregt. John erwidert kaum hörbar den Gruß und verschwindet gleich im Boot. Drei lange Stunden wird er noch brauchen, um die gesamte Heizungsanlage auszutauschen. Mehrfach taucht er auf mit völlig verschmierten Händen, fährt weg und kommt mit einem Ersatzteil wieder. Ich mache einen Riechtest ins Boot hinein und ziehe die Nase schnell wieder zurück. Mein Gott, wie hält der das beim Montieren nur aus. Müssen doch aus hartem Holz geschnitzt sein die Iren! John läßt sich trotz des Sonntags nicht verdrießen.

Die Kinder finden Zuschlupf bei Leuten aus Belgien auf dem Nachbarboot. Die Wolken hängen tief und weitere werden von einer steifen Brise von Westen herangetrieben. So habe ich mir die Sache nicht vorgestellt, als ich damals im Reisebüro buchte. — Was soll die Schwarzmalerei. Es wird schon werden.

Mr. O'Malley, der Manager von Athlone Cruisers, kommt auf mich zu, wie ich da so stehe und über unser Mißgeschick nachsinne. Mit besänftigenden Worten beruhigt er mich: Das wäre ihnen noch nie passiert. Nein, wie peinlich. Ich sollte doch entschuldigen. Selbstverständlich würde alles gemacht, um den Schaden umgehend zu beseitigen. — Als Trostpflaster zieht er unter seinem Mantel eine Flasche Whiskey hervor und schenkt sie mir.

John hat gerade die neue Holzplatte angeschraubt und balanciert mit der alten den schmalen Gang herauf. Das schwierige Stück Arbeit ist geschafft. Gegen einen ordentlichen Schluck Whiskey hat er nichts einzuwenden. Ich gieße mir auch einen doppelten ein. In wenigen Worten rakapitulieren wir in immer noch etwas stickiger Atmosphäre das Desaster, das, wenn es während der Fahrt passiert wäre, hätte böse Folgen haben können. Was soll's? War ja nur ein durchgeschmorter Schalter, der bei der letzten Inspektion übersehen worden war.

Ehe wir wieder ganz von unserem Fahrzeug Besitz ergreifen können, muß noch der Schmutz beseitigt werden. Mrs. O'Connor naht mit Putzeimer und Lappen. Gerade erfreut schaut sie nicht drein. Ist kein Wunder, wenn man am heiligen Sonntag von seinen vier Kindern weggeholt wird. Über ihr gutes Kleid hat sie ihren Kittel angezogen und verschwindet für mindestens eine halbe Stunde im Bauch der „Caitriona". Ihr edles Werk schließt sie damit ab, daß sie eine halbe Sprühdose zur Beseitigung der letzten Gestanksreste verspritzt. Jawohl, jetzt können wir wieder hinein. Die Luft ist fast wieder rein. Die Kinder sind schon seit zehn Minuten zurück. Ihre Gastgeber haben die Leinen losgemacht und dampfen jetzt bereits ein gutes Stück shannonabwärts.

Noch kein Gedanke an Start bei uns. Jetzt müssen wir erst einmal etwas essen. Beim Grocer holen wir Spaghetti, Würstchen und Brot und bald faucht der Topf auf dem Herd. Vorher gibt es noch ein besonders heißes Süppchen aus der Tüte. Das tut gut. Vom Dampf in der Kombüse beschlagen die Scheiben wieder. Aber durch das Kochen steigt die Temperatur ein wenig an. Ich wische mir ein kleines Guckloch und sehe, wie neben dem Boot zwei Schwäne behäbig auf dem schmuddeligen Hafenwasser paddeln. Offenbar haben sie etwas gerochen, sonst wären sie wohl nicht so nahe herangeschwommen. Sonst hat man diese stolzen Tiere nur von Stadtparks oder Seeufern in Erinnerung. In dieser düsteren Szenerie gefallen sie mir weniger.

Inzwischen sind die Zeiger der Uhr schon weit vorgerückt. Drei Uhr. Es wird Zeit loszufahren. Ungemütlicher Westwind fegt über das Wasser. Vorm Abfahren hatte ich noch dafür sorgen müssen, daß die Sicherheitseinrichtungen komplettiert wurden: Vom Büro brachte uns einer einen intakten Feldstecher, eine Schwimmweste und die Leuchtkerzen. Ach ja, die Gasflasche war nach dem Mittagessen auch leer. Ebenso die Ersatzflasche, so daß wir noch zwei neue bekommen mußten. Also, jetzt kann's wirklich losgehen.

Rechts neben dem Steuerstand auf dem Tisch liegt der Shannon Guide bereit. Die Karte mit der heutigen Route bis Clonmacnoise ist aufgeschlagen. Flußlauf und Fahrrinne sind groß dargestellt. Wo es schwierig wird, erleichtern Skizzen die Orientierung. Der Motor startet ohne Probleme. Rita löst die Leinen. Das geht schnell und reibungslos. Mit einem kühnen Sprung, das Boot hatte sich schon einen Spalt vom Ufer entfernt, kommt sie an Bord. Langsame Kraft zurück. Der breite Rumpf setzt sich in Bewegung. Leichten Rudereinschlag und dann langsame Kraft voraus auf die enge Ausfahrt zu. Alle Fasern in meinem Gesicht sind gespannt. Kein Instrukteur in der Nähe. Ich muß selbst meinen Mann stehen. Allein am Steuer.

Die ,,Caitriona'' schwenkt in die Fahrrinne des Flusses

ein. Kahle Bäume ziehen vorbei. Der Wind drückt den Auspuffqualm ins Boot zurück. Ich halte das Ruder fest umklammert. Kleine Schweißperlen kitzeln mich etwas. Ich mache zum Eingewöhnen vielleicht fünf Knoten Fahrt. Das reicht für den Anfang. Da hinten taucht auch schon das erste Hindernis auf: Die silbern angestrichene Eisenbahnbrücke von Athlone. Man kann nur unter einem Bogen durchfahren. Also, Tempo wegnehmen und vorsichtig unter der Brücke durch. Dahinter wird der Fluß breiter. Man muß sich rechts halten, um die Schleuse genau anzusteuern. Wenn man zu weit nach links kommt, ist die Gefahr zu groß, in den Mahlstrom des mächtigen Stauwehrs gezogen zu werden.

Die nächste Prüfung steht unmittelbar bevor: Gottseidank steht das Schleusentor — allerdings nur ein Flügel — offen, so daß ich gleich, ohne auf Warteposition gehen zu müssen, hineingleiten kann. Wieder Schweiß auf der Stirn. Links und rechts maximal 20 cm Platz. Warum macht der eigentlich nur eine Seite auf? Die Schleusen stammen aus der Mitte des vorigen Jahrhunderts. Alle Tore sind nur mit Menschenkraft zu öffnen und zu schließen. Das ist eine anstrengende Arbeit für die Wärter von morgens bis abends.

Sicher in der Schleuse angelangt, bin ich glücklich, die Caitriona auch nah genug an die Mauer heranbugsiert zu haben. Rita steht steuerbord bereit, um dem rothaarigen Mädchen im grünen Regenmantel das Seil entgegenzuwerfen. Sie fängt es auf und zieht es durch die eiserne Öse. So, jetzt das zweite Seil, bitte! Rita ist achtern und — findet das Seil nicht. Es ist auch nirgends. Da dämmert es mir. Beim Ablegemanöver hat sie es auf das Nachbarboot geworfen. Jetzt fehlt's. Und ich war so stolz, auf Anhieb ohne Schramme in das 35 mal 10 Meter große Becken hineingekommen zu sein. Jetzt heißt es unprogrammgemäß: Leinen wieder los. Zurück in die Marina.

Als wir uns, jetzt ordnungsgemäß mit zwei Leinen ausgerüstet, ein zweites Mal der Schleuse nähern, ist das Tor geschlossen. Was tun? Auf dem Wasser kann man nicht einfach stehen bleiben. Das Schiff muß entweder fahren oder irgendwo an zwei Seilen fest hängen. Ich fahre eine elegante Kurve. Instinktiv mache ich es richtig. Der Bug muß gegen den Strom stehen, damit er der Strömung ihre Kraft nimmt. Etwas unsanft stoße ich das Boot an, an dem wir festmachen. Eine Holzleiste am Bug unseres Kahnes löst sich dabei ein wenig. Aber wir liegen gut. Unser Schiff rührt sich nicht mehr.

Der Motor tuckert mit ein paar hundert U/min weiter. Ist mir zu riskant, die Maschine auszustellen. Sie hat ja heute erst einen Bruchteil ihres täglichen Minimums von drei Stunden absolviert. — Leichter Nieselregen setzt ein. Von Sonne keine Spur. Die gußeisernen, blau gestrichenen Getriebegehäuse, die wie Spielzeughäuschen mit rundem Dach aussehen, heben sich kaum von der graubraunen Umgebung ab. Düstere Gemäuer stehen neben der Schleuse. Auf zwei Wellblechdächern ein Stück flußab breiten sich Rostflecken aus. Hafenszenerie en miniature. Hier könnte Hitchcock eine echt gruselige Kulisse finden. Aber er wird sich nicht bis hierher verirren. Es sind nur einige völlig unbedeutende dumpfe

Häuser in einem unbedeutenden Provinznest in der Mitte Irlands. Mit 8 000 Einwohnern der größte Ort am schiffbaren Teil des Shannon.

Fünf Kabinenkreuzer tauchen langsam über dem Mauerrand der Schleuse auf: Fünf Berliner Bären flattern an den Fahnenstangen. Auf den Decks dick vermummte Gestalten. Sicher hat sie die große Freiheit auf dem Wasser hierhergetrieben, die sie auf dem Wannsee vergeblich suchen. Hier läßt sich ohne Einschränkungen schippern und ohne Enge. Mit verhaltenen Juhu-Rufen setzt sich die Armada in Bewegung. Bis alle draußen sind, vergehen allerdings noch zehn Minuten, so daß unsere Wartezeit sich schon weit über eine halbe Stunde hingezogen hat. Ich merke, wie ich immer noch nervös bin. Innendrin rumort es. Der Kobold, der einem immer sagt: ,,Los, mach schon, keine Zeit verlieren!" müßte allmählich heiser werden. ,,Warte nur, du kleiner Wicht, ich verspreche dir, lange hältst du's nicht mehr durch." — Ohne Schwierigkeiten passieren wir die Schleuse.

Jetzt können wir normales Reisetempo fahren: ca. 15km/h. Steuerbord ziehen die roten Markierungen, backbord die schwarzen vorbei. Jede einzelne ist im Shannonguide verzeichnet. Man kann die Orientierung eigentlich gar nicht verlieren. Trotzdem bin ich nach wie vor voll konzentriert.

Die Kälte habe ich während der einzelnen Manöver vergessen. Jetzt in einer Phase der Entspannung spüre ich, daß die Temperatur weit unter 15^0 C liegt. Rita hat eine gute Idee. Sie geht in die Kombüse hinunter und kocht ein heißes Süppchen. Von unten steigt der Dampf herauf, und sofort beschlagen die Scheiben. Zum Glück haben wir eine Rolle Küchentücher mitgenommen. Da das Boot keine Scheibenventilation hat, muß man eben wischen. Wieder ein Grund, nervös zu werden. Laß mich in Ruh, du unseliger Geist. Ich sorge schon für klare Sicht, auch wenn es nur ein Guckloch ist. Die Oxtail à la crème aus der Tüte bringt neue Energien, nachdem die des zuvor geschlürften Whiskies längst wieder verflogen ist.

Kahle Baumgruppen, matte Wiesen, fernab vom Ufer hie und da ein Haus ziehen vorbei. Einige Kühe sind an den Wassersaum herangekommen, um zu saufen. Der Fluß führt Hochwasser. Mitten aus den Fluten ragen die Pfähle der Weidenzäune. Ein Wildentenpaar schwimmt zeitig genug aus dem Weg. Das Glucksen des Kielwassers und Brummen des Diesels bleiben die einzigen Geräusche. Schier endlos dehnt sich die eintönige Flußlandschaft aus. Vom Wasser aus sieht man, wie unbeeinflußt von Menschenhand der Fluß leben kann. Nirgends begradigte Ufer. Schilfbänder begleiten uns. Hier können sich die Wasservögel wohl fühlen. Die wenigen Boote vertreiben sie nicht.

Für die Kinder sind die Aussichten durch die ohnehin von Kondenswasser undurchsichtig gewordenen Scheiben zu trübe. Sie sitzen um den Tisch herum und lesen in mitgebrachten Büchern. Aus dem Radio ertönt beschwingte Ceili-Musik. Das sind die flinken Rhythmen, nach denen sich die tanzfreudigen Iren auf ihren Festen stundenlang bewegen können. Geige und Akkordeon tönen heiter. Das Land und der Himmel lassen ihr düsteres und lebloses Kleid an. Das Jahr ist noch nicht erwacht.

Dort, hinter der Hügelkuppe taucht die Spitze eines Rundturmes auf: Das kann nur Clonmacnoise sein. Richtig. Ein Blick auf die Karte bestätigt meine Vermutung. Hinter der Flußbiegung liegt der alte heilige Platz mit den ehrwürdigen Ruinen. Die Wolken werden von ihrem Gewicht fast zu Boden gedrückt. Der Westwind preßt sie in immer neuen Walzen heran. Draußen klettert das Thermometer wenig über Null. Unsere Finger bleiben klamm. Die Kinder wischen sich jetzt ein Guckloch mit den Ärmeln. Als erstes fällt ihnen die Ruine des O'Melaghlin Castle auf. ,,Da kann man schön rumklettern'', flüstert Maxim mit etwas heiserer Stimme.

Vor uns haben schon einige Kabinenkreuzer an der schmalen Pier festgemacht. Thomas, der Kameramann, ist mit schußbereitem Gerät nach draußen gegangen. Rita steht auf Posten. Fertig zum Anlegen. Ich fahre einen Bogen, um mit dem Bug flußauf den Ponton anzusteuern. So ist es richtig, damit wir in der Nacht auch sicher liegen. Klappt prima.

Endlich zeigt sich die Sonne. Die schwarzen Wolken ändern ihre Farbe ein wenig, werden aber schnell wieder dunkel. Irische Szenerie. Abrupter Wechsel im Wettergeschehen. Prasselnde Regentropfen im eisigen Luftstrom. Ich glaube, was wir uns da vorgenommen haben, ist wirklich unique (einzigartig). Die Stimme der Mrs. Kelly, vorgestern habe ich mit ihr in Dublin telefoniert, klingt mir noch deutlich im Ohr.

Auf dem Kai kommt mir einer der Belgier entgegen, die ebenfalls in Athlone, allerdings lange vor uns abgefahren sind. Bei denen hat's nicht gebrannt. Jeder hilft jedem. Spontane Kameradschaft. Rita wirft ihm das Seil entgegen. Er verknotet beide Leinen tadellos um den Poller. Gas weg. Zündschlüssel raus. Ruhe. Das heutige Tagwerk ist geschafft. Schlaff sinken meine Arme herunter. Die ersten drei Stunden am Ruder sind bestanden. Die Kinder sind bereits an Land gesprungen und rennen auf die Burgruine zu. Ich gehe einmal außen auf dem Boot auf und ab, lasse mich ordenlich durchblasen, als ob ich so viel Frische nötig hätte.

Da stehen sie, die beiden Rundtürme, der niedrigere von beiden mit intaktem Spitzdach, der andere oben zerstört. Kreuze auf fast braunem Rasen. Etwas Geheimnisvolles liegt über dem Platz. Die Vergangenheit atmet über Fluß und Wiesen. Aus zerbröckelten Mauern quellen Wolken zeitlosen Himmels. Flehend rufende Wasservögel unterbrechen nur schwach die Stille. Krähen krächzen durch die Fensterhöhlen des gekappten Turms. Die Figuren und Muster auf den Hochkreuzen zeigen deutliche Spuren der Verwitterung. Wie ein Teppich breitet sich das mattgrüne Gras bis in den letzten Winkel aus. Stumm stehen die alten Steine da und möchten so viel erzählen. Die Schritte verhallen dumpf auf feuchtem Grund.

Wenn man so durch diesen heiligen Bezirk geht, fühlt man sich in die Zeit der frommen irischen Mönche zurückversetzt, die ihr inniges Christentum auch zu uns gebracht haben. Aus den Ruinen spricht eine geheimnisvolle Würde, die mit Himmel, Land und Wasser eine Einheit bildet. Ein Reservoir der Achtung und Verehrung. Vergessen sind für Augenblicke Zivilisation und moderne Errungenschaften. Man versinkt in eine schlichte Frömmigkeit. Wenn die Kirchen oder besser wohl Kapellen in einem intakteren Zustand wären, könnte man meinen, man wäre mit einem Schritt ins Irland vor 800 Jahren zurückversetzt und im nächsten Augenblick kämen Mönche in braunen Kutten, die Arme in die Ärmel geschoben und gregorianische Choräle singend aus dem größten Gotteshaus, die sogar Cathedral heißt, aber immer noch Kapellenausmaße hat.

Für Rita hat dieser stille Platz etwas Geisterhaftes. Sie verweilt nicht lange und kehrt schnell wieder zur „Caitriona" zurück. Trotz aller tiefsinnigen Betrachtungen knurrt mir nach dem ersten längeren Einsatz auf dem Boot der Magen. Auch die Kinder kommen bald von ihrem Erkundungsgang zurück. Die Wolkendecke hat sich ganz geschlossen und von dem düsteren Himmel fällt dichter Nieselregen, der vom immer noch steif und kalt blasenden Westwind herangetrieben wird.

In der Kombüse dampft und brutzelt es. Ich habe die Heizung angestellt. Ein wenig Behaglichkeit breitet sich in der Kabine aus. Die Kinder sind an Bord. Sie haben sich ein paar Papierbögen genommen und malen Burgen und Ritter. Thomas macht Eintragungen in sein Reisetagebuch. Ich lehne mich genüßlich gegen die Sitzbank und schaue in die Irish Times: In Eire reißt die Kette der Probleme in diesem rauhen Vorfrühling nicht ab: Benzin- und Dieselknappheit, Poststreik, Dockerstreik,

Anschläge in Nordirland. Wenn man so nahe am Geschehen dieses Bürgerkrieges bei den Brüdern und Schwestern im Norden ist, gehen einem die detaillierten Berichte über den Sprengstoffanschlag, dem vier junge Kerle, Familienväter, zum Opfer gefallen sind, doch recht nahe. Man liest zwischen den Zeilen, wie sehr die Iren unter diesem Zwist leiden. Schauern klingt in den Worten des Augenzeugen mit, der die Explosion zufällig ganz aus der Nähe mitgekriegt hat. Aus einer knappen Meldung in einer unserer Zeitungen spricht nicht so viel Grauen. „Mein Gott, können die denn keine Ruhe finden", denke ich und wende mich der nächsten Notiz zu.

Ein lautes Brummen läßt mich von der Zeitungslektüre hochschrecken. Ich gehe schnell aufs Achterdeck und sehe in ca. 50 Meter Entfernung ein Boot, das offenbar auf Grund gelaufen ist. Vollgas geben, nützt gar nichts. Von der Flußmitte nähert sich ein anderes Boot. Als dieses auf der Höhe des Havaristen ist, wirft einer ein Seil hinüber. Wenig später gibt der zu Hilfe gekommene Kabinenkreuzer Vollgas. Das Seil strafft sich. Vergeblich, das Boot sitzt noch fest. Also ein zweiter Versuch. Jetzt mit etwas mehr Anlauf. Leute betet, daß die Leine durch den Ruck nicht reißt! Jetzt wird's brenzlig! Der Gewaltakt gelingt. Der Grundberührer hat wieder Wasser unterm Kiel.

Trotz schon fortgeschrittener Dämmerung dreht der freigeschleppte Kabinenkreuzer ab. Der Skipper hat sicher erstmal die Nase von seinem mißglückten Anlegemanöver voll. Dafür nähert sich in atemberaubendem Tempo das Zugboot, um bei uns längsseits zu gehen. Himmel, ist der Kerl da am Ruder wahnsinnig? Warum nimmt er keine Fahrt weg? Das muß doch schief gehen. Nein, der kommt näher! Halt, volle Deckung. Da kracht es auch schon. Unser Kahn schlingert herum. Der Unglücksrabe hat uns backbord achtern angestoßen. Ein Teil unserer Reling hängt in der Luft. Durch den Aufprall ist die Stange aus den Schrauben gerissen worden. Sofort denke ich: „Jetzt heißt es aber aufpassen, daß die Kinder nicht über Bord fallen." Eine weitere Gefahrenquelle.

Auf ein neues! Der unsanfte Anlegeversuch hat dem Steuermann offensichtlich gereicht. Diesmal nähert er sich in langsamer Fahrt, kommt schön längsseits. Eine junge Frau in braunem Regenmantel wirft mir das Seilende zu. In ihrem Gesicht steht noch der Schrecken von eben geschrieben. — Ein paar Knoten und das Boot liegt fest vertäut neben unserem. Es ist kleiner als unseres und hat auch nur ein ziemlich dünnes Klappverdeck, durch das es sicher unangenehmer bläst als beim massiven Aufbau unserer „Caitriona". Jetzt bemerke ich, daß ein Junge von vielleicht zwölf Jahren die Barkasse gesteuert hat. Einige Sekunden nach meiner Feststellung öffnet eine Hand den Reißverschluß des Verdecks und zum Vorschein kommt ein hagerer langer Mann in einem dünnen Regenmantel aus Nylon und einer Regenkappe auf dem Kopf. Von seiner Nase platscht ein dicker Tropfen in den Fluß. Er ruft mir zu: „Das ist ein Haftpflichtfall, ich werde Ihnen alles aufschreiben" und verschwindet wieder im Inneren des Bootes. Es dauert zwanzig Minuten, da erscheint er wieder mit einem Zettel, auf dem alles steht, was für die möglichen Folgen dieses „Unfalls" (später interessiert keinen die entwurzelte Reling) wichtig werden könnte: Anschrift des Bootsvermieters, des Reiseveranstalters und des Reisebüros. Na, dann wird ja alles gut gehen. Wir kommen in ein kurzes Gespräch. Dabei erfahre ich, daß er auch erst einen Tag unterwegs ist. Sie sind zu fünft auf dem Boot: Zwei Kinder, seine Frau und seine Schwiegermutter, die die Strapazen einer derartigen Reise nicht gescheut hat. Offenbar eine couragierte Dame. Morgen wollen sie weiter nach Norden Richtung Athlone und Lough Ree. Das Boot stammt aus Banagher, unserem morgigen Ziel flußabwärts. Es wird zu kalt und ungemütlich, so daß wir uns nach wenigen Sätzen wieder in unsere schwimmenden Ferienhäuser zurückziehen. Noch ein kurzer Rundblick. Die Wolken werden immer dunkler. Vor der Nacht haben inzwischen weitere Boote Schutz gesucht und liegen gut verknotet nebeneinander.

In der Kajüte riecht es nach Spaghetti und Würstchen. Die Temperatur hat, schätze ich, angenehme 16/17 Grad erreicht.

Als wir uns zu Tisch setzen, hämmern dicke Regentropfen auf das Dach und wechseln sich mit prasselnden Hagelkörnern ab. Wie immer sind die Scheiben beschlagen. Kein Licht dringt von draußen herein. Das Jaulen des Windes und das Trommeln des Regens und Hagels verstärken sich zu ohrenbetäubendem Lärm. Bald liegen die Kinder mit Wärmeflaschen im Bett. Thomas löst vor dem Schlafengehen mit Hilfe eines speziellen Buches noch ein Schachproblem. Mit ab- und zunehmender Intensität folgen weitere Schauer. Gegen zehn Uhr beruhigt sich das Wetter. Dann wird es ganz still.

Die Heizung hatte ich schon vorher ausgestellt, denn die Nacht durch muß sie außer Betrieb bleiben. Wie schnell kriecht die Kälte durch die Ritzen. Es nimmt einem ganz schön die Luft. Also, schnell unter die Decke und dort im Warmen die fallende Temperatur an der Nasenspitze vergessen!

9. 4.: VON CLONMACNOISE NACH BANAGHER

Ein trüber Morgen. Wie immer sind die Scheiben beschlagen. Ich liege an der Außenseite des Bettes, also muß ich wieder zuerst aufstehen. Mit schlotternden Knien gehe ich nach hinten, um die Heizung anzustellen, damit es warm wird, wenn die anderen aus den Betten steigen. Draußen hat sich noch kein Schönwettereinfluß durchgesetzt.

In den anderen Booten herrscht Stille. Keine Frühaufsteher oder gar Frühsportler zu sehen. Wind und Wolken spielen zusammen. Dunkel wälzen sich die Fluten des hier fast einen halben Kilometer breiten Flusses durch ihr Bett.

Schnell was Heißes kochen, ist die Devise: Tee und ham and eggs, damit wir alle unverzüglich das Energiedefizit einholen. Vor dem ersehnten Frühstück muß ich aber die Klappe in der Mitte der Hauptkabine öffnen und in den Bauch des Schiffes hinabsteigen. Es ist eine immens wichtige Arbeit, Öl und Kühlwasser zu kontrollieren. Das Herz muß immer schlagen. Hört es einmal auf, womöglich noch vor einem Stauwehr, kann das fatale Folgen haben.

Während wir sitzen und essen, tuckert der Diesel. Auch das ist eine technische Notwendigkeit, denn die Batterien brauchen Nachschub an Ladung. So sind Aggregate und Apparaturen raffiniert aufeinander abgestimmt, damit ja alles klappt.

Gestärkt gehen wir vor dem Ablegen noch mal an Land. Die gestrige Besichtigung war recht kurz. Wie seltsam: Hier handelt es sich um eine Sehenswürdigkeit erster Güte und kein einziger Bus parkt auf dem Platz neben der ehrwürdigen Stätte. Sieben Kirchenruinen, drei uralte Hochkreuze, zwei Originalrundtürme und viele Gräber. Dazu der ständige Wechsel in der Helligkeit. Beruhigendes Grün, Wind und Nässe. Irland. Heimat etlicher Millionen jenseits des großen Teiches, die in Scharen herüberpilgern. Ist es ihnen zu dieser Jahreszeit zu unwirtlich oder flößt ihnen dieser Ort selbst auf die Entfernung zuviel Respekt ein? Oder liegt es daran, daß sich bei Uncle Sam schon rumgesprochen hat, daß es hier keine Souveniers und kein Coke gibt?

Es stehen tatsächlich nur zwei Häuser hier, aus denen ich keinen Menschen herauskommen sehe. Ein paar Leute von den Booten gehen zwischen den Altertümern herum. Thomas hat sein Stativ aufgebaut und zieht einige Schwenks über Ruinen, Wiesen und Fluß. Der Parkplatz von Clonmacnoise bleibt leer. Auf der engen Straße, die vom Landesinneren hier am nächsten an das Ufer stößt, fährt in der ganzen Zeit nur ein Lieferwagen vorbei. Zivilisationsspektakel kann man ganz vergessen.

Um zehn Uhr gebe ich das Ablegekommando. Wie sich das anhört? So militärisch ging es natürlich nicht zu. Langsam entfernen wir uns rückwärts von der Pier in wohlgeschwungener Kurve, bis wir die Fahrrinne erreicht haben. Dann volle Kraft voraus. Unser Kahn nimmt behäbig Tempo auf. Eine einsame Landschaft zieht vorbei. Weite und Stille. Keine Häuser in der Nähe des Flusses. Nur ab und zu ein paar Tiere, die dem Wasser etwas nähergekommen sind, aber keine Notiz von den wenigen vorbeigleitenden Booten nehmen. Schilfhalme bewegen sich zackig hin und her.

Mit der Sicht habe ich so meine Probleme. Die „Caitriona" ist gewiß ein braves und ganz bequemes Schiffchen, aber für dieses Wetter haben es die Erbauer nicht ausgerüstet. Weder Scheibenheizung noch Ventilator verhelfen zum klaren Durchblick. Was bleibt einem übrig, als zu wischen. In Griffweite habe ich mir auf das Brett, auf dem auch das Fernglas liegt, ein ganzes Paket papierene Küchentücher gelegt. Und der Verbrauch davon ist enorm. Bald türmt sich ein ganzer Haufen vor mir auf.

Man muß wirklich genau schauen, damit man keine Boje verpaßt. Die Brückendurchfahrten verlangen ebenfalls volle Konzentration und genauen Kurs. Die Brückenpfeiler kann man beim Passieren fast angreifen.

Hinter der Brücke von Shannonbridge taucht als einziges größeres Bauwerk das klobige Kraftwerk auf, das unmittelbar am Ufer steht. Aus dem einen Schlot, der den Kraftwerksblock nur wenig überragt, steigt eine dicke Rauchwolke auf. Hier wird Torf gefeuert. Davon gibt es genug, um dieses Ungetüm satt zu kriegen. Ansonsten aber werden auch die Iren nicht von der sich abzeichnenden Ölkrise verschont. Nach einer weiteren Stunde kommen wir in Banagher an, dem Ziel unserer heutigen Tagesetappe.

Etwas unsanft gehen wir an der Tankstelle längsseits. Ohne daß wir es zunächst merken, hat sich dabei das

Beiboot gelöst. Ich sehe das Desaster erst, als ich von Bord auf die Jetty springen will. Da treibt das kleine Ding fast noch zum Fassen nahe flußab. Meine Wut hat den Siedepunkt erreicht. Ich koche und zittere. Wenn ich den Nachen nicht wiederkriege, ist der im Büro in Athlone als Depot hinterlegte Scheck von 400 Mark zum Teufel. Unerbittlich nimmt der Strom das Dingi mit sich. Ich muß einfach was tun, um es wiederzukriegen. Also Maschine starten, Leinen los und hinterher. — Warum springt ausgerechnet jetzt die Maschine nicht an? Sie streikt. Ich renne auf den hölzernen Anlegesteg. Den ersten besten spreche ich übernervös an. Er versucht, mich zu beruhigen und bietet mir an, mit seinem Ruderboot dem Ausreißer hinterher zu hetzen. Ohne lange zu überlegen, springen Isabel und ich in das Boot. Für sie ist es eine willkommene Abwechslung. Ich lege mächtig ins Zeug und noch vor der Brücke höre ich Rita brüllen. Sie gibt mir Zeichen umzudrehen. Irgendwie kapiere ich, daß mein Vorhaben aussichtslos ist, ohne ihre Worte genau zu verstehen. Also zurück. Allmählich sinkt meine Hoffnung, das Beiboot wiederzukriegen.

Ein kleiner drahtiger Franzose hat unsere hektischen Aktivitäten beobachtet. Sein Kabinenkreuzer liegt ganz in der Nähe. Ist doch klar. Auf dem Shannon herrscht unter den Fahrensleuten eine Kameradschaft, ohne daß man sich vorher erst lange kennen muß. Wir gehen auf sein Boot, können aber erst einige Minuten später losfahren, da er noch den Motorraum aufgedeckt hat und die Gemischschraube betätigen muß. Jetzt aber Klappe zu und ab. Unser Dingi ist nur noch ein winziger Punkt und bestimmt schon einen Kilometer weit abgetrieben.

Der Franzose erweist sich als ein dynamischer Steuermann. Er reißt das Rad hin und her von Anschlag zu Anschlag. Unwillig schaukelt und schlingert sein Boot und stößt unsanft an etliche andere Bordwände. Blitzschnell wechselt er von voller Kraft voraus in zurück. Sein Boot macht alle Manöver ganz willig mit, nur die Richtung stimmt noch nicht. Kein Wunder, wenn man diesen engen Hafen mit einer Parklücke in Paris verwechselt. ,,Difficile à manoeuvrer" (schwierig zu manövrieren), brummt er vor sich hin und schafft es schließlich, ins offene Fahrwasser zu gelangen. Wir nehmen Kurs auf das abtreibende Ruderboot. Etwa einen dreiviertel Kilometer von der Marina entfernt, sehen wir einen Kabinenkreuzer entgegenkommen. Als dieser auf Sichtweite heran ist, erkenne ich, daß er zwei Dingis schleppt. Ich schaue nochmal hin. — Gottseidank, eines davon ist unseres. Ein weiteres Beispiel für mitmenschliche Hilfe. Meine verkrampften Züge und bis zum Bersten angespannten Nervenstränge lockern sich auf einen Schlag. Mit einer Hand halte ich mich an der Stange fest, die andere nehme ich als Flüstertütenersatz vor den Mund und brülle hinüber: ,,It's our dinghy, we lost ist, we'll take it over there in the Marina, thanks a lot" (Ist unser Dingi, wir übernehmen es an der Marina, wir haben es verloren, tausend Dank).

Da keine Leine an dem Nachen ist, muß Rita es nach Übernahme in der Marina auf dem Bauch liegend so lange festhalten, und es Stück für Stück in Richtung ,,Caitriona" ziehen. Als sie nah genug ist, knote ich es wieder fest. Am Nachmittag werde ich noch ein Seil kaufen und das Beiboot damit zusätzlich festbinden. So etwas darf nicht mehr passieren.

Endlich können wir jetzt tanken. Mehr als zehn Gallonen (48 l) rückt die Frau aus dem Büro des Hafens nicht raus. „Wir sind sehr knapp an Diesel", sagt sie. Na ja, wenigstens etwas. Damit kommen wir wieder ein ganzes Stück weiter. Es sieht so aus, als wären ihr diese Fremden recht lästig. Die Pfundnoten steckt sie aber schnell ein. Genau nachgezählt hat sie sie natürlich auch.

Ich will gerade an Bord, um das Rangiermanöver einzuleiten, da bemerke ich mit Schrecken, daß Thomas bereits die Bugleine gelöst hat. Das Schiff ist nur noch am Heck fest und dreht sich vor dem Strom behäbig weg. Rita gelingt es noch, die Leine wieder auf den Landesteg zu werfen und ebenfalls von Bord zu springen. Wir legen das Seil um einen Holzpfahl und ziehen mit der Kraft der letzten Verzweiflung. Der hilfsbereite Franzose ist wieder mit dabei. Millimeterweise schaffen wir es, den Bootskörper gegen den Strom in seine Ursprungslage zurückzuholen. Unsere Nerven werden an diesem Unglückstag arg strapaziert.

All das passierte bisher auf nüchternen Magen. Ich verspüre wenig Lust, den Liegeplatz zu wechseln. Jetzt wird erst einmal gegessen. Rita geht los und kauft ein paar Lebensmittel ein. Bald kochen die Kartoffel auf der munteren Gasflamme. Abgeschlafft sinke ich auf die Sitzbank. Thomas legt einen neuen Film ein. Die letzten Meter hat er bei unserem Tauziehen: Drei Mann gegen den Shannon, abgedreht. Unser hart erkämpfter Sieg ist nunmehr der Nachwelt erhalten.

Vor dem Essen, das heute ohnehin erst spät sein wird, haben die Götter den Angstschweiß gesetzt. Ich wollte mich vorher noch ein wenig in der winzigen Schiffsdusche frischmachen und ergötze mich gerade an dem dünnen aber immerhin warmen Wasserstrahl, da höre ich Thomas von draußen aufgeregt rufen: ,,Maxim ist ins Wasser gefallen!" Mein Gott, hast du kein Mitleid mit den Jüngern der christlichen See(Fluß-)fahrt? Ich hetze nur mit einem Handtuch bekleidet an Bord. Da steht der kleine Kerl schon heulend auf den Planken. Einer hat ihm schon ein Handtuch umgeworfen. Das war wirklich eine brenzlige Situation. Der Bursche sprang auf dem Holzsteg hin und her und trat einmal daneben. Wenn Isabel nicht beherzt zugegriffen hätte, wäre es dem Kleinen übel ergangen. Rita war sofort hinzugekommen und hat ihn dann blitzschnell herausgezogen. Jetzt stelle ich Maxim erst einmal unter die warme Dusche. Zum Glück geht das Frischwasser nicht aus, so daß unser Held, der bisher als einziger im Shannon gebadet hat, langsam wieder regeneriert.

Endlich ist es soweit: Das Mittagessen steht auf dem Tisch. Einfache aber kräftige Kost ist angerichtet; es duftet verführerisch. Kartoffeln, Kanonenerbsen und Bratwürstchen. Die Schiffer langen ordentlich zu, haben sie sich doch diese Mahlzeit redlich verdient. Wir brauchen lange, um wieder einigemaßen erholt zu sein.

Gegen vier starten wir zu einem zweistündigen Spaziergang durch das 1000-Einwohner-Städtchen Banagher. Neben der allmählich ansteigenden Hauptstraße reihen sich die niedrigen, meist grau verputzten Häuser. Läden wechseln mit ein paar Pubs. Wenige Autos rollen oder stehen auf der Straße. Ein paar rotschopfige Kinder laufen über die Bürgersteige und spielen Fangen. Das einzige größere Gebäude, das ein Stück von der Straße entfernt steht, ist das der örtlichen Bankfiliale.

Vor dem Zeitungsgeschäft haben sich vier Arbeiter die Reparatur des Bürgersteiges vorgenommen. Da merkt man, was arbeiten hier, tief im Landesinneren bedeutet. Einer steht auf seine Schaufel gestützt herum. Ein anderer gibt dem Dritten im Zeitlupentempo ein Brett an, das dieser behutsam einen halben Meter weiter auf einen Stapel legt. Warum die Männer das machen, war nicht zu erkennen. Der Vierte schließlich schiebt von schräg gegenüber der Straße eine Schubkarre mit Sand herüber. Wie lange mag diese Kolonne wohl brauchen, bis die paar Metter Trottoir wieder ganz sind? Es liegt mir fern, mich über das Arbeitstempo zu mockieren. Wir Mitteleuropäer neigen allzu leicht dazu, unseren Arbeitsmodus zu verabsolutieren. Keiner außer uns Fremden nimmt überhaupt Notiz von den Männern.

Auf dieser langgestreckten Straße fühlen wir uns wirklich als Fremde. Keine Spuren sind zu finden, die uns an unser Land erinnern. Die Bildzeitung sucht man vergebens. Es kommen zu wenig Deutsche hierher. Gerade die paar, die mit ihrem Boot in der Marina angelegt haben. Keine deutsche Aufschrift. Keiner spricht deutsch. Ja, man ist wirklich im Ausland und muß sich mit dem zufrieden geben, was das Land auch seinen eigenen Leuten bietet.

Wo die Straße den höchsten Punkt erreicht hat, erhebt

sich die Kirche. Gnädig blickt sie auf die Häuserzeilen zu ihren Füßen hinab. Wie fast alle Kirchen in Irland, die heil geblieben sind, stammt sie allenfalls aus dem vorigen Jahrhundert. Damals hatten sich die irischen Katholiken eine gewisse Freiheit erkämpft, konnten aber ihre alten Kirchen nicht mehr besuchen. Heute zieren die Ruinen noch die Kuhweiden. Die allgewaltige und gütige Mutter England hat ganze Sache gemacht.

Wir biegen nach links ab und gehen an einer Pferdekoppel vorbei. Die Tiere traben unbefangen auf uns zu, so daß wir sie streicheln können. Sie nehmen es uns nicht übel, daß wir keinen Zucker parat haben. Sie wiehern bloß ein wenig bettelnd.

Nach einem knappen Kilometer biegen wir wieder nach links ab zurück zur Mitte des Städtchens. Rechts taucht eine ausgedehnte Wiese auf, auf der eine Kuhherde an saftigem Gras kaut. Inmitten dieser Grünfläche erhebt sich die efeuumrankte, säulengezierte Fassade eines ehemaligen Herrenhauses. Weder Dach noch andere Mauern haben das Zeitliche überdauert. Durch die Fensterhöhlen scheint der Himmel. Fünf Kuhschritte neben dem Efeudenkmal ein verlassenes Haus. Das trägt zwar noch ein Dach. Aber in der schmalen Mauer klafft ein großes dunkles Loch, um das sich die fleißigen Kletterpflanzen ausgebreitet haben. Die nicht verheilte Wunde des Todesstoßes?

Frieden liegt über den Ruinen. In fünfzig Jahren werden sie immer noch dort stehen. Keiner wird mehr erzählen können, wer einmal der stolze Besitzer war. Dessen dritte Generation von Nachkommen wird einmal über den großen Teich zurückkommen und die Häuser der Väter suchen müssen.

Auf der anderen Seite der Hauptstraße schlendern wir zurück zum Hafen. Mir fällt an manchen Ecken eine gewisse Verwahrlosung auf. Keiner denkt daran, Abfallhaufen vor Garagen wegzuschaffen oder die unten völlig angefaulten Bretter des Garagentores durch neue zu ersetzen. Banagher hat keine Ambitionen im Wettbewerb ,,Unser Dorf soll schöner werden''. Ob es in Irland derartige Wettbewerbe gibt, bezweifle ich. Beim Wettstreit der Herzlichkeit und Freundlichkeit würden die Bewohner gewiß den ersten Preis erzielen.

An Bord zurück kochen wir uns erst einmal eine heiße Tasse Tee. Bei dem belebenden Getränk und einigen Keksen dazu läßt es sich herrlich in der ,,Irish Times'' schmökern. Wenn ein Schiff draußen auf dem Fluß vorbeifährt, wiegt sich unseres angenehm auf den Wellen.

Die beherrschenden Themen sind in diesen Tagen nach wie vor: Poststreik, Dieselknappheit, service on the rule (Dienst nach Vorschrift) der Dublin Busmen, Terror in Nordirland. Eine Liste von Schwierigkeiten, mit denen die ohnehin mit wenig materiellen Gaben ausgestatteten Iren fertig werden müssen. Schaust du auf ihre Gesichter, merkst du von all dem nichts. Ein Unbekannter, der an dir vorbeigeht, lächelt dich an und ruft dir ein freundliches ,,hello'' entgegen. Wir Mitteleuropäer haben schon lange derartige Situationen hinter uns. Ob wir auch mit dieser Leichtfertigkeit darüber hinweggehen könnten?

Ich lese weiter in der Zeitung, die ich mir am Nachmittag gekauft habe: Ab kommender Nacht wird eine der größten Ölgesellschaften im Lande kein Diesel mehr haben. Angeblich aber seien einiger Tanker auf dem Weg nach Irland. Die Landwirte, Fischer, Transportunternehmer protestieren aufs heftigste, weil sie glauben, die Regierung ist an allem schuld, denn die will den Kampf gegen die Ölmultis aufnehmen, die das kostbare Dieselöl woanders hintransportieren lassen. In Eire ist der Bruttoerlös für einen Liter von ungefähr 60 Pfennig viel zu niedrig, um den größtmöglichen Gewinn zu erzielen. Die Regierung kann einer Erhöhung der Preise wie in Deutschland mit Rücksicht auf die schwache Wirtschaft nicht zustimmen.

Nach wie vor ist die Kommunikation durch den fast totalen Poststreik lahmgelegt. An auffälliger Stelle hat die Regierung in der Irish Times eine Anzeige, die mit dicken, schwarzen Balken umrahmt ist, plaziert: „Bitte geben sie keine Briefe auf. Sie werden nicht ausgeliefert."

Heute war der bisher ereignisreichste Tag. Unsere Nerven sind heil geblieben. Träge strömt der Fluß. Am Nachmittag war sogar für fast eine Stunde die Sonne herausgekommen, so daß wir das Kabinendach zurückschieben konnten. Frische Frühlingsluft verdrängte die letzten Reste des scharfen Geruchs, der sich von dem Heizungsbrand hartnäckig gehalten hatte.

Es ist schon nach zehn. Draußen stockdunkle Nacht. Absolute Stille. Um Strom zu sparen, haben wir nur eine der Kabinenlampen eingeschaltet. Ein schwacher Schein fällt auf das schwarze Wasser. Ich mache die letzten Aufzeichnungen im Reisetagebuch. Da werde ich aufgeschreckt von einem Klopfgeräusch. Ich gehe nach vorne und schiebe den Vorhang zurück. Vor dem Bug kann ich die Umrisse einer Gestalt erkennen. Ich gehe nach draußen auf das Vorschiff. Da steht ein alter Mann in einem dunklen Mantel. Über sein Gesicht huscht eine Art Lächeln. Der Mann sagt im Dialekt etwas zu mir und deutet immer in Richtung Land. Zuerst verstehe ich gar nichts. Er spricht wieder. Diesmal etwas langsamer. Allmählich haben sich meine Augen an die Finsternis gewöhnt. Ich kann seinen Mund sehen und kapiere, was er meint.

Dort, wo der hagere Alte hingedeutet hatte, erkenne ich jemand, der hin- und herschwankt. Mit einem Satz springe ich auf den Steg. Wir gehen gemeinsam auf die unbekannte Person zu. Es ist ein Betrunkener, der völlig die Orientierung verloren hat. Der torkelt da herum, und um ein Haar wäre er ins Wasser gefallen, wenn wir ihn nicht im letzten Moment festgehalten hätten.

Der Alte und ich nehmen den Verirrten zwischen uns und gehen auf das Land zu. Rita ist auch noch dazu gekommen. Der Fremde lallt Wortfetzen vor sich hin. Es sind bayrische Brocken. „Aha“, denke ich, das ist einer von dem modernen Boot mit der weiß-blauen Fahne, das am Nachmittag angekommen war. Wir rätseln herum, wo das Boot wohl liegen könnte. Rita läuft auf einen Steg, wo in einem Boot noch Licht brennt. Sie klopft mehrfach gegen die Scheibe. Die Leute haben sicher Angst, denn nichts rührt sich. Ist auch kein Bayernwimpel zu sehen. Da fällt mir ein, daß der moderne Kabinenkreuzer mit dem schnittigen Rumpf unterhalb der Brückenrampe festgemacht hatte. Dahin ist es noch ein ganzes Ende zu gehen. Rita begibt sich zurück zur „Caitriona". Wir stapfen mit unserem Schützling weiter in die Nacht. Der Ire neben mir erzählt, daß er die fünf Bayern im Pub getroffen habe. Stundenlang waren die Jungs dort und haben sich mit den Iren auf einen aussichtslosen Kampf mit Whiskey und Guiness eingelassen. Die Kameraden hatten den Mut, rechtzeitig aufzuhören. Dieser aber konnte sich nicht losreißen und hat immer weitergesoffen, bis er dann endlich aufbrach und vergessen hatte, wo sein Boot liegt. Dann ist er in der rabenschwarzen Nacht zum Wasser getorkelt, bis ihn der hilfreiche Alte aufgelesen hat.

Als wir nach rechts abbiegen, sehen wir die stolze Bayernyacht in voller Beleuchtung liegen. Vom Dorf her kommt uns ein weiterer Bayer entgegen, der wutentbrannt Schimpftiraden auf seinen Kameraden losläßt: „Der Bazi, wollt net gehen. Da ham wir ihn alleingelassen. Ham dann Angst kriegt und sind ihn suchen gegangen. I war's leid. Die anderen schaun noch an der Brücke, ob er vielleicht ins Wasser eini gfallen is. Jetzt muß i den andern Bescheid geben." Er macht sich in Richtung Brücke davon. Vorsichtig balancieren wir mit unserem Bazi an Bord. Der Laufgang hinter der Reling ist kaum 25 cm breit. Die Luke ins Innere des Bootes steht weit offen. Jetzt müssen wir nur noch die steile Treppe nach unten schaffen. Allein hätte unser Schützling das nie gepackt. Es gelingt uns, heil unten anzukommen.

In der Hauptkabine sieht es aus, als hätte da ein Kampf getobt. Nichts ist aufgeräumt. Geschirr mit Essensresten steht völlig wahllos auf Spüle und Tisch herum. Auf dem Boden liegen zernudelte Kleidungsstücke. Zwischen dem Geschirr halbleere Flaschen und eine Kamera mit Teleobjektiv.

„Wo schläfst du", frage ich den Volltrunkenen. Er deutet auf die Bugkajüte. Wir gehen hin. Er steckt den Kopf hinein und zieht ihn schüttelnd gleich wieder zurück. Stimmt also nicht. Nun der zweite Versuch achtern. Jawohl, das scheint richtig zu sein. Schlaff deutet er auf das zerwühlte Bett. Wir ziehen ihm mit viel Mühen seine Jacke aus, da läßt er sich fallen und sofort ertönt ein sonores Schnarchen. „The glasses", haucht mir der Ire entgegen. Ach ja, die Brille. Ich nehme sie ihm ab und lege sie auf das Nachtkästchen. Dann verlassen wir das Boot. Noch ein paar Schritte gehen wir gemeinsam. „Die haben einfach zuviel getrunken. Schlimm ist das mit den Leuten vom Kontinent. Die unterschätzen unser Guiness und unseren Whiskey. Good night." — Ich tappe zur „Caitriona" zurück und freue mich auf einen tiefen Schlaf, um endlich unter diesen Tag einen Schlußstrich ziehen zu können.

10. 4.: VON BANAGHER NACH PORTUMNA

Trüb und grau beginnt der Morgen. Nach wie vor weht der eisige Nordwest. Ob sich das Wetter jemals nachhaltig bessern wird? Vorstellungen von Frühling, Blüten, Vogelgezwitscher und wärmenden Sonnenstrahlen geistern mir noch im Kopf herum. Nichts von alledem. Kahl, düster stürmisch und kalt ist es um uns herum.

Unser heutiges Ziel ist Portumna. Das liegt am Nordende des Lough Derg, der mit einer Länge von 44 km der größte der Shannonseen ist. Auf den See selbst will ich heute nicht mehr fahren. Die Sicht müßte sich wesentlich bessern.

Vor dem Start schaue ich mir die Route auf der Karte an: Der Shannonlauf zerteilt sich auf diesem Abschnitt in viele Arme und umfließt zahlreiche Inseln. Die Navigationszeichen liegen nahe zusammen. Trotzdem habe ich ein bißchen Bammel, ob ich immer den richtigen Weg finden werde. Bloß nicht zu nahe ans Ufer kommen, sonst bleibt man zu leicht am schlammigen Flußgrund hängen und, wer weiß, wann man wieder freikommt. Ab Meelick Lock (- Schleuse) ziehen fast ohne Unterbrechung die Schilfstreifen am Fluß entlang. In Banagher hatte mir ein erfahrener Schipper den Rat gegeben, immer ausreichend Abstand zu halten, sobald Schilfhalme aus dem Wasser herausgucken. Auch der Schleuse schaue ich mit gemischten Gefühlen entgegen. Schließlich haben wir dieses Manöver erst einmal praktiziert.

Jetzt gebe ich das schon zur Routine gewordene Kommando: „Leinen los!“ Rita wickelt schon wie ein erfahrener Matrose die Seile ab und springt aufs Boot zurück. So, Steuermann, nun zeig einmal, was du in den ersten Tagen schon gelernt hast! Der Liegeplatz ist eng und zahlreiche andere Boote lassen eine direkte Ausfahrt nicht zu. —

Also, behutsam Gas geben und vorsichtig das Ruder drehen, damit wir das Fahrwasser erreichen. Es kam, wie es kommen mußte. Die Behäbigkeit unseres breiten Schiffes sowie Strömung und Wind durchkreuzen meinen ursprünglichen Ablegekurs. Ich setze falsch an und die „Caitriona“ liegt fest, von der Strömung gegen einen dicken Pfahl gedrückt. Maschinenkraft und Drehen am Ruder bleiben ohne Wirkung. Was tun? Wieder treten Schweißperlen auf meine Stirn. Die Nervenstränge sind zum Reißen gespannt. Fieberhaft suche ich nach Auswegen. Die Palette meiner ach so reichen nautischen Erfahrungen gibt einfach nichts her.

Verzweifeln gibt es nicht. Es gibt schließlich noch andere Fahrensleute. Und dann — die Kameradschaft und Bereitschaft, dem anderen zu helfen. Beides hier Selbstverständlichkeiten. Komisch, wie auf dem Fluß wildfremde Menschen die Sorge um den anderen wiederentdecken, was dort, wo sie leben, eher eine Ausnahme bleibt.

Von einem anderen Boot ruft mir jemand etwas zu, was ich nicht genau verstehen kann. Ich gehe an Deck. Der Mann ruft erneut über die vierzig Meter Distanz. Es ist ein Landsmann. Ich verstehe jetzt seinen Tip: Wir sollen ein Seilende hinüberbringen, mit dem Ruderboot. Das

Seil wird dann an unserem Boot festgemacht und von drüben wollen die uns rausziehen. Da unser Dingi ebenfalls eingeklemmt ist, müssen wir auf den Nachen von unseren Helfern zurückgreifen. Rita muß rüberlaufen, das Seil zwischen die Knie nehmen und zurückrudern. Eine weitere Schwierigkeit taucht auf: Als sie kurz vor unserem Boot angelangt ist, ist das Seil zu Ende. Es reicht einfach nicht. Ich werfe ihr eines unserer Seile zu, damit sie es mit dem anderen verknotet. Das muß schnell gehen, denn die Strömung treibt sie gleich ab. Zum Knoten braucht sie beide Hände. Da ist mit Gegensteuern nichts drin. Es gelingt. Rita bindet jetzt das geliehene Boot an unserem Steg fest und kommt an Bord. Wir geben unseren Rettern ein Zeichen.

Die ziehen aus Leibeskräften und siehe da: Zentimeter für Zentimeter bewegt sich der Rumpf dem freien Wasser zu. Ein wenig Gas und den Bug behutsam zum Fluß hin dirigieren. Ehe wir nach Süden abdrehen, muß Rita den Seilknoten lösen. Auch eine Sache, die in Sekunden getan sein muß, denn das Boot macht zwar langsame Fahrt, aber stehenbleiben kann man eben nicht. Unsere Helfer holen ihr Seil ein und winken uns ein Lebewohl zu. Ich schaue noch einmal hinüber, erwidere kurz den Gruß und muß mich schon auf die schmale Brückendurchfahrt konzentrieren.

In gemächlichem Tempo geht es weiter shannonabwärts vorbei an Weiden, kleinen Baumgruppen, Schilfstreifen. Enten und Schwäne fliegen vor uns auf. Wir stören sie in ihrer Ruhe. Keine Straße, die am Ufer entlangführt. Mithin auch keine Zeichen der Zivilisation. Keine Menschen, keine Autos zu sehen. Außer dem gleichmäßigen Brummen des Dieselmotors kaum Geräusche. Regentropfen rinnen auf den Scheiben herunter, so daß die Sicht ständig erschwert ist. Also heißt es wieder wischen, denn der Hauch führt zu ständigem Beschlag auf der vom Regen unterkühlten Scheibe. Um den Tisch herum sitzen die anderen. Isabel und Maxim spielen Mensch-ärgere-dich-nicht. Thomas löst konzentriert ein schwieriges Schachproblem mit seinem Reiseschach. Alle sind dick vermummt gegen die niedrigen Temperaturen. Rita steht in der Kombüse und bereitet die heiße Morgensuppe. Der aufsteigende Dampf macht mir schwer zu schaffen. Ich muß meine Wischaktivitäten intensivieren.

Die Champignoncremesuppe tut gut. Vom Magen her breiten sich warme Wellen in den ganzen Körper aus. Danach noch ein Whiskey und das thermische Gleichgewicht ist wieder hergestellt.

Was ich bei der morgendlichen Planung der Route befürchtet hatte, bewahrheitet sich: Die Bojen, Stangen oder Steinhaufen im Wasser sind wirklich schwer zu erkennen. Angestrengt schaue ich nach vorne. Keine Sekunde darf die Aufmerksamkeit erlahmen. Im Nu sitzt man irgendwo auf.

Meelick Lock, unsere zweite Schleuse. Das Tor steht auf. Also, kein vorheriges Anlegemanöver notwendig. In dem dreißig Meter langen und ca. zehn Meter breiten Becken liegt schon ein Boot. Alles geht so geruhsam zu. Zwei Schleusenwärter tauchen auf, nachdem noch ein Schiffchen eingefahren war. Schlanke, alte Männer mit scharf geschnittenen Gesichtern, Schiebermützen auf dem Kopf und die Krägen ihrer dicken Filzmäntel hochgeklappt. Ohne Worte nehmen sie das Seilende entgegen und legen es um den Poller. Keine Hast steckt in ihren Bewegungen. Keinem würde es gelingen, sie zu drängen. Der Shannonschipper weiß das. Schon nach wenigen Tagen hat er gelernt, was es heißt, Zeit zu haben. Fluß und Landschaft haben in kurzer Zeit ihre Lektionen gelehrt.

Wenn man über die Ebenen entlang des Stromes blickt, über die endlosen Wiesen, die am Horizont mit dem Himmel verschmelzen, vergißt man das Diktat der Zeiger. Bleiern lasten Wolken auf dem Land, dämpfen das Temperament, wie es sich anderwärts unter südlicher Sonne so einfach entfachten läßt. Die Ruhe wird schwerelos.

Ein Esel tippelt, während wir warten, an den Rand des Schleusenbeckens und schaut uns fragend an. Er will was zu fressen. Die Kinder laufen schnell unter Deck und holen Brotreste herauf. Da wir noch nicht tiefer gesunken sind, gelingt es ihnen, die Brocken bis zum Esel hinzuwerfen. Geradewegs vor seine Schnauze. Genüßlich verspeist das zottelige braune Tier die Delikatessen. Offenbar sind wir nicht die einzigen, die ihn füttern. Seine Scheu hat er völlig abgelegt. Die Weißbrotstücke hat er vertilgt. Jetzt gibt es zum Nachtisch noch einige Papiertaschentücher, die da rumliegen. Die Zellulosebestandteile bedeuten für ihn offenbar einen besonderen Leckerbissen. Was sind da schon Hafer und anderes hingeworfenes Futter? Thomas filmt das alles. Da ist Bewegung drin. Bilder, die man sonst selten zu sehen bekommt.

Wir verlassen die Schleuse und haben noch eine gute Stunde bis Portumna. Die Einfahrt in die Marina ist eng und wieder muß ich mit Fingerspitzengefühl im Schleichtempo in den Kanal, der zu den Liegeplätzen führt, einfahren. Da hinten an der vorsintflutlichen Treibstoffpumpe, die ganz vorne an der Spitze des Holzsteges aus dem Wasser ragt, sollten wir den Bug festmachen. Ich nähere mich langsam. Sobald der Rumpf das Holz berührt, springt Rita auf die Holzbohlen das Seilende in einer Hand. Der Kanal ist hier so schmal, daß man mit dem Boot nicht wenden kann. Ich fahre wieder ein Stück zurück, um dann erneut anzusetzen. „Mann, bist du wahnsinnig! Zurück!" brüllt Rita. Der Schiffsleib hat sich so nah an die Pumpe geschoben, wo Rita auf Warteposition zum Festmachen herumbalancierte. Plötzlich ist sie zwischen Bug und Pumpe eingeklemmt. Ein lähmender Schrecken fährt mir in die Glieder. Ist mein Matrose bei diesem gefährlichen Manöver verletzt worden? Sofort Gas. Volle Kraft zurück. Rita reckt sich. Ich sehe, wie sie aufatmet. Es scheint, als ob nichts passiert wäre. Das hätte schlimm ausgehen können. Ich komme mir so dilettantisch vor. Wieder ein Fehler. Aber, woher soll man das lernen, wenn einem die im Prospekt vorgaukeln: „Sie brauchen keinen Bootsführerschein. Nach kurzer Einweisung können sie losschippern. Der Shannon gehört Ihnen!"

Also mache ich nun den zweiten Versuch. Die „Caitriona" steht noch zu schief. Ich muß längsseits in die Lücke hinein. Volle Kraft zurück, volle Kraft voraus in blitzschnellem Wechsel. Behäbig kommt das Boot herum und liegt jetzt in der richtigen Position. War doch gut, daß ich bei der Probefahrt vorgestern aufgepaßt habe. Rita vertäut den Kahn mit geübten Griffen. Vorne und hinten ist unser schwimmendes Ferienhaus nunmehr fest. Allmählich läßt die Spannung nach. Aber noch ist nicht alles erledigt.

Ganz in der Nähe sehe ich einen Wasserschlauch. Ich fülle den Tank, der ungefähr zweihundert Liter Wasser faßt, auf. Das muß man jedesmal machen, wenn eine Zapfstelle in der Nähe ist. Fünf Menschen verbrauchen eine Menge von dem kostbaren Naß, auch wenn sie sparsam damit umgehen. Dann kommt ein Tankwart heran und läßt 10 Gallonen roten Dieselöls reinlaufen. Mehr gibt es nicht. Man will bei der Knappheit und unsicheren Lieferlage mit den Vorräten eine Weile auskommen. Keiner weiß, wann es wieder Nachschub gibt.

So, jetzt sind wir wieder gut ausgerüstet. Wir können daran denken, das Mittagessen zu kochen. Die Uhr zeigt schon halb drei. Kein Wunder, daß mir der Magen knurrt. Wohlriechende Dämpfe von Westernsteaks und grünen Erbsen breiten sich in der Kabine aus. Zur Beruhigung gieße ich mir ein Glas Guiness ein. Der bittere Gemack des schwarzen Moorgebräus stärkt mich von Schluck zu Schluck.

Nach dem Essen sehen wir uns in der Umgebung des Liegeplatzes etwas um. Als erstes fällt auf, wie schmutzig das Wasser in diesem Kanal ist. Die Selbstreinigung kann hier nicht funktionieren, da keine Strömung durchgeht. Fäkalien, Schmutzwasser und Öl von den Booten und der nahe gelegenen Werft, den ganzen Dreck muß das Wasser aufnehmen. Ich kann mir schönere Orte vorstellen. Lamentieren zwecklos. Heute haben wir unser Tagespensum erfüllt. Der Weg zum nächsten Liegeplatz wäre außerdem zu weit, und wir sind ganz froh, das Boot sicher an den Leinen zu haben. Zwischen den Bootsplätzen und der Straße ist ein kaum zehn Meter breiter Streifen, wo allerlei Unrat herumliegt. Ein wüstes Durcheinander. Wenig einladend. Am Rand der Straße, in einer kleinen Einbuchtung, parken deutsche Autos. Leute, die hier ihren Shannontrip begonnen haben. Über einen Teil des Kanals erhebt sich eine Werfthalle aus Wellblech. Ich öffne das schwarze Schiebetor und sehe drinnen drei Schiffe an Flaschenzügen über dem Wasser hängen. An einem sehr breiten Boot macht sich ein Herr mit grauen Haaren und ölverschmierten Cordhosen zu schaffen. Es ist sein eigenes Boot, das er für die kommende Saison aufrüstet. „She is a beautiful boat. Very easily to manoeuvre", (sehr leicht zu manövrieren) sagt er. Es dauert aber noch eine Woche, bis er seine Arbeiten abgeschlossen hat.

Die Sonne macht sich noch immer rar. So schimmern die Öllachen auf dem Wasser nur matt. Die Regenbogenfarben, die sonst aus der Wasseroberfläche einen bunten Teppich machen, bleiben auf der braunen Brühe verborgen.

Wir gehen bis zum Ende des Kanals. Aber auch da liegt Müll herum. Man glaubt, im nächsten Moment müßte einem eine Ratte über den Weg huschen. Da soll auch irgendwo ein Geschäft sein. Cornflakes, Milch und Brot könnten wir ganz gut gebrauchen. Außer Booten, Stegen und der Halle nichts zu sehen. Also müssen wir doch ins

Städtchen schlendern. Bevor es losgeht, schiebe ich nochmal die Tür zur Halle auf. Es fällt mir gerade ein, daß ich eine neue Ruderdolle in unserem Beiboot brauche. Bei dem vergeblichen Ablegen heute früh ist eine abgerissen. Mit einem Ruder kommen wir im Notfall nicht weit. Ich frage einen der Mechaniker. Sofort ist er im Geräteraum verschwunden und erscheint nach einer Minute wieder mit dem gewünschten Teil in der Hand. Nicht genug damit: Er bringt die Dolle gleich am Ruderboot an. Sein Lächeln und seine Freundlichkeit sind irisch. Muffigkeit und Desinteresse, wo sind die? Was wir bisher an Pannen erlebt haben, wird durch die Freundlichkeit und Hilfsbereitschaft der Leute, die sich um einen kümmern, wieder wettgemacht.

Zwei Kilometer zieht sich die langweilige Landstraße von der Marina zum Städtchen Portumna hin. Es ist einsam hier im Herzen Irlands. Das Land liegt platt da. Keine Abwechslung wie im rauhen seendurchwirkten Connemara oder Amerikanerrummel an den Killarney Lakes. Das ist kein Land für Touristen. Die lassen sich so weit vom Fluß weg gar nicht mehr sehen. Was sollen sie auch besichtigen? Ein verschlafenes Nest, deren Einwohner nicht einmal feststellen können, daß man aus Deutschland kommt. Die Menschen begegnen dem Fremden unbelastet und neugierig.

Ich gehe in den winzigen Metzgerladen. Ein junger Fleischer steht hinter der Theke und lächelt. Immer wieder dieser natürliche Charme der Iren, diese Herzlichkeit. Gegen einen Metzger bei uns nimmt sich sein Geschäft geradezu bescheiden aus. Drei halbe Schweine hängen an der Wand. Auf dem Ladentisch einige Steaks und ein paar Knochen. Während er mein minced beef (Gehacktes) durch den Wolf dreht, plaudern wir miteinander: Woher ich komme, fragt er mich. Ich sage aus Mainz in Deutschland. Hat er noch nie gehört. Eine weitere Frage stellt er mir: ,,In welcher Grafschaft befinden wir uns hier?" Country Galway. Das Staunen im Gesicht meines Gesprächspartners überrascht mich. Vorher hatte er ein Geschäft in Cashel, dort, wo sich der heilige Burgberg Irlands, der Rock of Cashel erhebt. Fünf mal mehr Tiere als hier hat er da verkauft. War einfach mehr los. Ein Geschäftsmann in unserer quantitätshörigen Wohlstandsgesellschaft hätte diese Feststellung mit einer sauren Miene gemacht. Dieser junge Mann erzählt mir das ohne Gram. Er lebt im kleinen Portumna unter den 1500 Mitseelen glücklich weiter.

Portumna hat ein graues Kleid angelegt, das nur wenig kontrastierende Farbflecke zeigt. Grau sind Straße und Bürgersteige. Grau sind die meisten der Häuser, die sich neben dem gerade zwei Meter breiten Bürgersteig hinziehen. Alle hundert Meter ragt ein Stromleitungsmast aus dem Trottoir empor. Drähte spannen sich über die Fahrbahn. Einige Fassaden haben hellere Anstriche. Eine Wand in beige und eine in rosa fallen mir besonders auf. Ich zähle mindestens ebenso viele Kneipen wie Läden. Ein Traktor tuckert ohne ungeduldige Autos hinter sich über die Straße. Dazwischen spielen Kinder auf dem Asphalt. Ihre gesunden, roten Wangen bringen ein wenig Leben in das Einerlei. In den kaum mehr als handtuchgroßen Vorgärten tummeln sich Hunde. An vielen Stellen Zeichen des Verfalls: Abgebröckelte Mauern, eine Ruine in der Häuserzeile. Haufen mit Müll und Gerümpel liegen neben den Bürgersteigen herum. Eine Schubkarre rostet vor sich hin. Wann mag zuletzt eine fleißige Hand den Griff umfaßt haben?

Im Ortszentrum erhebt sich im Vergleich zu den Lilliputhäusern eine mächtige Kirche, grau und stillos. Ein Gotteshaus ohne Geschichte. Keine alten Mauern, aber Beter sitzen andächtig im stillen Inneren. Geschmacklose Heiligenbilder und schnörkeliger Zierat lenken nicht von der frommen Athmosphäre ab. Diese Kirche, das merkt man gleich, trägt keine Entrücktheit zur Schau. Sie bietet sich den Gläubigen als Ort an, wo sie ihren Glauben ungezwungen als einen selbstverständlichen Teil ihres Lebens praktizieren können. Im Gottesdienst verhalten sich die Iren so als wären sie bei irgendeiner Versammlung. Es wird keine Zeit vertan. Jeder ist tief fromm. So fromm, daß er fast desinteressiert wirkt. Dieser Eindruck täuscht jedoch, weil diese Menschen auf so unkomplizierte Weise katholisch sind. Daß die Kirche ein Stück Alltag verkörpert, merkt man auch daran, daß sich niemand am Kindergeschrei und dauerndem Gemurmel stört. Jede Mutter bei uns, ist peinlich berührt, wenn ihr Sprössling die tiefe Andacht durch unprogrammierte Laute unterbricht. — Im Augenblick, wo wir über die Steinplatten der Kirche schlendern, kommen mir diese Erinnerungen eines irischen Gottesdienstes in den Sinn, den ich bei meinem letzten Besuch erlebt habe.

Gegenüber der katholischen Kirche steht eine wesentlich kleinere, die der anglikanischen Church of Ireland gehört. Da kommt man erst gar nicht rein. Abgeschlossen.

Wahrscheinlich haben wir nicht viel versäumt. Das Gemäuer hat mit Sicherheit auch nicht die Horden Oliver Cromwells erlebt. Sonst wäre es ohnehin eine Ruine. Wir gehen auf den Friedhof hinter der Kirche. Auch hier Verfall: Umgestürzte Grabkreuze, verwitterte Grabkreuze. Einige Gräber von niedrigen Steinwulsten eingefaßt. Schlichter mausfarbener Schotter ersetzt den kühlen Rasen. Stark angerostete zwei Fuß hohe Eisenpfeiler, die wie dünne Läuferfiguren eines Schachspiels aussehen, verbunden mit einer flechtenbedeckten Stange, umfrieden eine andere Grabstelle. Mattgrünes Gras von abgestorbenen braunen Halmen durchsetzt, wuchert dazwischen. Die Schrift auf dem das Eisen kaum überragenden Grabstein ist unlesbar geworden. Auf ein Grab hat jemand schon vor längerer Zeit einen Blumenschmuck aus Plastik hingelegt. Wenn es unter der gewölbten transparenten Plastikabdeckung nicht so bunt herginge, würde man das Gebilde für eine Käseglocke halten. Diese Art von Käseglocken hat den besonderen Vorteil, daß der Käseersatz darunter nie verdirbt. Ein solches Gebilde aufs Grab gelegt und du hast ein für allemal Ruh mit der Pietät.

Keiner käme auf die Idee, die Gräber besonders zu pflegen. Warum auch? Dem Toten geht es im Jenseits sowieso besser. Also, warum soll man sich an sie klammern und sie zurück in sein Leben zu ziehen suchen? In der Ecke dieses Gottesackers türmt sich ein Müllhaufen aus Plastikbeuteln, Flaschen und Coladosen auf. Ist das etwa ein Zeichen von Pietät. Wir müssen diese Art von Totenverehrung noch lernen. Aber nicht jetzt. Der Platz mit dieser sichtbaren Vergänglichkeit treibt uns weg. Erschreckt tritt Rita von der Kirchenmauer zurück. Da liegt im hohen Gras eine tote Ratte. Schnell verlassen wir nach der anderen Seite dieses Tohuwabohu und machen uns auf den Rückweg zum Boot.

Bald verschwindet das verschlafene Nest hinter uns. Mauern wechseln sich ab mit Steinzäunen. Ab und zu einige Bäume. Zur Allee reicht es nicht. Auf der Wiese weist ein ein mal zwei Meter großes Schild auf das Westpark Hotel hin. Über dem Namen gekreuzte Messer und Gabel. Das alles auf schneeweißem Grund. Auf der intakten Steinmauer eine weitere Tafel. Ein dicker roter Pfeil und die Aufschrift Hotel. Fremder, kommst du nach Portumna, dann kehre ins Westpark Hotel ein. Dort wirst du bei giftiggrünen Gartenerbsen, Steak und Ketchup wieder zu Kräften kommen. Oder, wie wär's mit einem zünftigen Hammelbraten, von dem die Fett- und Sehnenteile von der Mintsauce überdeckt werden. Wir sparen uns ein derartiges Menü.

Jeder, außer den Kleinen, trägt eine Plastiktüte mit allerlei Leckereien drin. Frisches Brot, Eier, Kartoffeln, Karotten, Pudding, frische Milch und Guiness, der bittere Aufbaustoff für kalte Stunden.

11. 4.: VON PORTUMNA NACH BANAGHER

Neblig und feucht kommt der Tag herauf und immer noch bläst ein eisiger Wind aus Nordwesten. Wie sollen wir bei einer derartig schlechten Sicht die Navigationszeichen auf der großen Wasserfläche erkennen können? Die Scheiben sind wie immer am Morgen zu. Wir meinen, der Frühling müßte sich bald anmelden, aber er tut uns den Gefallen nicht. Er macht sich weiter rar.

Es wird schon fast zum morgendlichen Ritual: Bett zur Seite räumen. Klappe hoch. Zum Motorraum runter und Kühlwasser und Ölstand kontrollieren. Das muß sein. Wenn die Maschine ihren Dienst versagt, kann das üble Folgen haben. Wasser und Öl stimmen. Offenbar haben die Jungs in der Marina von Athlone die Ausrüstung außer der Heizung gut gewartet.

Als mittlerweile vertrauter Begleiter tuckert unser Perkins Diesel und sorgt für die zünftige Untermalung unseres irischen Frühstücks auf den Planken unseres Bootes. Der heiße Tee, die Corn Flakes und der dampfende Speck mit Ei lassen die Kräfte wieder lebendig werden. Dazu ein gelinde erwärmter Luftstrom aus den Düsen vorne und hinten in der Hauptkajüte.

Von Aufklaren keine Spur. Ich fürchte, das langgestreckte Lough Derg wird auf unsere flotte „Caitriona“ verzichten müssen. Meine nautischen Kenntnisse müssen erst vervollkommnet werden, ehe ich Schiff und

Mannschaft auf den tückischen See locke. Nein. Erst weitere Erfahrungen sammeln.

Die Entscheidung ist gefallen: Wir drehen zurück nach Norden, wo wir hergekommen sind. Das Ablegemanöver klappt besser als gestern das schweißtreibende Anlegen an dem schmalen Holzgang, was so bös hätte enden können. Am besten vergessen, sage ich mir, sonst werde ich am Ruder unsicher. Bange machen, gilt nicht, jetzt wird zurück gefahren! Und wenn die Wetterküche uns weiter so schmale Kost vorsetzt, wird das Unternehmen kurzerhand abgebrochen. Aber ein paar Tage müssen wir schon aushalten. Erst von Athlone aus hat es Sinn, Mrs. Kelly anzurufen. Die wird uns Unterkunft geben für einige Tage. Vielleicht haben wir Glück und rutschen in einen früheren Flug rein. Die Gedanken an ein Entrinnen aus dieser spätwinterlichen Athmosphäre beflügeln mich etwas. Ein Lied fällt mir ein; ich summe es leise vor mich hin, während Rita mit gekonntem Griff aber klammen Fingern die Leinen löst: ,,When you ever come across the sea to Galway . . .‘‘ Nein, wir nähern uns nicht vom sturmgepeitschten Ozean der grünen Insel wie viele sehnsuchtsvolle Seelen. Wir sind mitten drin. Auf dem zentralen Strom. Und wir sehen braune und graue Farben und frieren.

Brav gehorcht der Kahn meinen Ruderbewegungen und trotz der Enge gelingt es ohne anzustoßen, den Bug in Richtung Fluß zu drehen. Keine Wehmut steckt in diesem Abschied. Ein kleines unbedeutendes Stück Irland bleibt hinter uns. Wir haben abseits der Touristenkarawansereien das Land unverfälscht ohne die Kulisse des

Massentourismus erlebt. Keiner, der uns auf deutsch angesprochen hätte. Keine Bildzeitung, die heute schon im afrikanischen Busch nur mit geringfügiger Verspätung erhältlich ist, brachte uns Neuigkeiten von daheim. Komisch, wenn man so in einem Gastland reist, entrückt die Heimat so schnell; wenn man auf Marschfahrt flußauf gegen Strömung und Wind dampft. Ruhig ziehen wir unsere Bahn. Steuerbord begleitet uns ein Fischreiherpaar. Sein graues Kleid hebt sich schwach von dem bedeckten Himmel ab.

Maxim und Isabel lesen. Weil es kühl ist, tragen sie ihre dicken Jacken. Thomas wirft einen Blick auf den Shannon guide und fragt mich, wo wir gerade sind. Eine Meile vor Meelick Lock. Die nächste Schleuse, die wir freilich schon kennen. Insgeheim wünsche ich, daß das Schleusentor offen steht, wenn wir uns nähern. Aus der Pantry steigt Dampf auf. Rita steht unten vor dem Propangaskocher und bereitet die Brühe, damit unser Kalorienspiegel zumindest die Toleranzschwelle erreicht. Knorr Tomatencremesuppe made in Ireland ein besonderer Genuß, vor allem vor der nächsten Bewährungsprobe.

Beide Schleusentore sind fest verschlossen. Die kräftigen Holzbalken trotzen dem gestauten Wasser, lassen aber einige Wasserstrahlen durch, die in hohem Bogen übereinander spritzen. Geduld, Steuermann! Rechts vor der Schleuse ist genügend Platz zum Anlegen. Da liegen schon ein paar Boote. Wenn du näher kommst, werden hilfreiche Hände die Leinen auffangen und an den Haken festmachen.

Ich weiß nicht, warum ich das Boot, das ich zum Anlegen ausersehen habe, von so weit steuerbord ansteuere. Schilfhalme sind bedenklich nahegerückt. Also hart backbord und ein wenig mehr Gas, dann kommt der Kahn schon rum.

Verflixt, was ist denn das? Habe ich die Schraube verloren? Der Kahn sitzt fest. Bewegt sich keinen Zentimeter mehr. Ruder hart backbord! Jawohl, habe ich schon. Und wieder den Gashebel nach vorne. Es rührt sich nichts. Da dämmert es mir: Wir haben Grundberührung. Meine Herzklappen fangen wieder ihr Flattern an. Vom Streß geformte Rufe, rauhe Schiffersprache, kaum für zartbesaitete Ohren bestimmt, übertönen das Aufbrummen des Diesels. Sie verhallen. Im Moment zeigt sich der Fluß als der stärkere.

Da kommt mir ein Einfall: Wie wär's mit voller Kraft zurück? Hat doch schon mal geholfen, vor der Benzinpumpe im Hafenkanal gestern. Erster Versuch gescheitert. Der Rumpf vibriert. 70 PS toben mit fast 2 000 Touren. Ich reiße den Hebel erneut zurück. Ein Ruck geht durch den Bootskörper. Zuerst nur ein winziges Stück, dann bewegt er sich ein paar Zentimeter rückwärts und macht einen Satz. Es ist wieder Wasser unter dem Kiel. Die Ruderkommandos zeigen Wirkung. Beim zweiten Anlauf schaffe ich es, bei dem Boot längsseits zu gehen. Wie erwartet strecken zwei Bootsleute die Hände aus, halten Sekunden später die Leinen und verknoten sie um die Haken.

Ich stelle die Maschine aus, weil wir noch genügend Zeit für einen Schwatz von Bord zu Bord haben. Da es zur

Abwechslung mal nicht regnet, stürmen die Kinder an Deck und klettern auf das Kabinendach. Unsere Nachbarn, ein Ehepaar aus Dublin, fährt auf dem eigenen Boot. Sie schippern bereits über eine Woche herum. Killaloe, am Südende des Lough Derg, südlicher Endpunkt der Schiffahrt, ist der Heimathafen ihrer schmucken „Eileen". Sieht sie nicht hübsch aus, in ihrem blendend weißen Anstrich und den sauber gezogenen grünen Streifen rundherum. Hinter den Fenstern entdecke ich Spitzenvorhänge.

In der Hauptkabine steht eine Wiege. Fünf Monate ist der kleine Patrick alt, aber es war klar, daß er mitmußte. „Das bekommt ihm gut", gesteht die junge Mutter. In Dublin atmet er bloß die rußige Luft. Hier schläft er so lange und friedlich.

Ich erzähle den beiden ein wenig von unseren bisherigen Mißgeschicken. Sie lächeln ohne Schadenfreude und reden uns gut zu. Sie haben, als sie zum ersten Mal auf den Planken standen, genau wie wir Lehrgeld zahlen müssen. Jetzt kennt man den Fluß. Ja, ist fast auf ihm zu Hause. Schleusen, Wind, Wetter und Strömung haben ihre Schrecken verloren. Ich schöpfe Zuversicht. Aus den ausgeglichenen Gesichtern der beiden strömt eine innere Ruhe und Zufriedenheit, die ansteckend wirkt. Die Nervosität von eben, als wir auf Grund saßen, ist wie weggeblasen. Ist doch alles halb so schlimm. Vielleicht werden wir am Ende richtige Shannonschipper.

Die Schleusentore öffnen sich. Eine Miniarmada dampft heraus. Zehn Minuten vergehen noch. Dann heißt es: „Leinen los!" — „Kinder unter Deck!" Eigentlich müßten sie Schwimmwesten tragen. Steht so in den Sicherheitsbestimmungen.

Die knifflige Einfahrt in die Schleuse läßt mich den Punkt 95 der Liste vergessen. Rita steht an Deck und gibt mir Zeichen. Mehr nach rechts deutet sie mit einer Handbewegung an. Weitere Boote gleiten in die bald ganz gefüllte Wanne, wo das Wasser schwappt. Fünf Kabinenkreuzer drängen sich in dem eng gewordenen Becken. Langsam gehen die zwei Männer auf den blauen Kasten zu, stecken die Kurbel in die Achse und beginnen zu drehen. Sicher wiederholen sie diese Bewegung zwanzigmal am Tag. Da müssen sie ihre Kräfte dosieren. Hast ist ihnen unbekannt. Die wuchtigen Holztore schließen sich innerhalb einiger Minuten. Von oben läuft das Wasser jetzt in die Schleuse. Die Leinen werden schlaffer. Man muß sie synchron zum Hebevorgang anziehen, sonst macht das Boot sich selbständig. Wenn es nicht fest ist, wird es von den auch in der Schleuse vorhandenen Strömungen erfaßt und bewegt sich von der Mauer weg.

Nach einigen fehlgeschlagenen Versuchen schafft es die Sonne, die schweren Wolken zur Seite zu schieben. Die dunklen Fluten hellen sich auf. So etwas wie Bläue spiegelt sich auf den Wellen. Die Szenerie ändert ihr Gesicht. Landschaft, die vorher von grauen Tüchern bedeckt war, tritt darunter in heller werdendem Grün hervor. Wenn die Ufer an dieser Stelle des Flusses enger zusammen lägen, müßten wir eigentlich fröhlichen Vogelgesang hören, die sich genauso wie die Menschen freuen, wenn von oben Licht und Leben heruntersinkt.

Banagher, wo wir schon vorgestern einmal waren, wird am frühen Nachmittag erreicht. Nach dem bitterkalten Wind der letzten Tage weht über den Hafen eine milde Brise. Sonnenstrahlen huschen durch die Ritzen der Holzstege und malen helle Streifen auf das Wasser darunter.

Banagher, der Ort, wo unsere Geduld beim letzten Mal auf eine so harte Probe gestellt wurde, zeigt sich lieblich und einladend. Die Nöte und entnervenden Augenblicke, die erst zwei Tage zurückliegen, sind vergessen. Ohne Probleme legen wir an. Benzin haben wir noch genug im Tank. Frischwasser können wir an diesem Liegeplatz ohne Probleme tanken. Der Schlauch reicht bis zum Einfüllstutzen, der an der Seite neben der Heckkabine liegt.

Banagher, ein verlassenes Nest, das keiner kennt. Mitten in Irland. Vier Zeilen, dazu noch eng gedruckt und, ohne daß der Ortsname in fett erscheint, widmet der Blue Guide (Reiseführer) dieser Siedlung an der wuchtigen Steinbrücke mit vier Bögen aus dem Jahre 1843. Eine gußeiserne Tafel auf der Brückenmitte in die Seitenmauer eingelassen preist das Bauwerk als eine große Leistung des Ingenieurs . . . (den Namen habe ich vergessen) an. Dann erfahre ich noch aus dem Führer, daß der Schriftsteller Trollope hier seine erste Stelle als Postinspektor hatte und in der Zeit von 1841 bis 1844 einige seiner ersten, allerdings erfolglosen Romane verfaßte. Dann versiegt die Information des Buches. Auch hier wie in Portumna keinerlei Zeichen von Tourismus außer den paar Booten, die auf dem Fluß schaukeln.

Jetzt scheint die Sonne schon einige Stunden. Sie versüßt uns den Spaziergang, den wir über die Brücke und in die Hauptstraße des Ortes machen. Unweit der Brückenrampen auf beiden Ufern sehen wir zwei Reste von Befestigungsanlagen. Es sind runde Turmstümpfe die früher für die Kontrolle des Flußüberganges wichtig waren. Auf einer Tafel im Mauerwerk können wir etwas von einer Kanone lesen. Heute sind die kriegerischen Auseinandersetzungen in diesen Gefilden Vergangenheit.

Wir stapfen durch den weichen Grasteppich am Flußufer entlang. Für Thomas, der die Filmkamera in Anschlag hat, muß ich vom Turm her einige Stufen herunter- und auf ihn zugehen. Da ich einen roten Anorak trage, kriegt er einen belebenden Farbklecks aufs Zelluloid. Es sind nur wenige Farben, die immer und überall dominieren. Braun, grün, grau und manchmal blau vom Himmel wie heute. Ein Blau, das sich rar macht, das im nächsten Augenblick wieder weg sein kann. Das man deshalb umso mehr genießt. Ich drehe mich um. Da, aus einem Mauerstück quillt ein leuchtend rot blühendes Steingewächs einem umgestülpten Bienenkorb ähnlich. Ich vermute, Thomas hat es entdeckt und ebenfalls auf den Film gespult. Es paßt nämlich besser in die Umgebung als die knallige Windjacke eines gerade vorbeikommenden Mitteleuropäers.

Südlich der Marina hat man eine viereckige Ausbuchtung ausgebaggert. Vielleicht ein Ersatzhafen für die noch erwarteten Flotten. Jetzt aber offenbar ein Anglerparadies. Zwei Männer im Fischeranzug werfen unermüdlich ihre Haken aus. Die Ruten sirren im Takt.

Schnell holen sie wieder ein. Da, ein zehn Zentimeter langes Fischchen zappelt am Haken. Der Petrijünger würdigt es keines Blickes und wirft es ins Wasser zurück. Wir kommen näher und sehen im Gras schon etliche Beutestücke zucken. Alle nicht besonders groß und noch lebendig. Die Angler lassen die Beute leben, um sie möglichst lang frisch zu halten. Man wundert sich, wie lange es so ein Fisch auf dem Land aushält. Das liegt an dem hohen Feuchtigkeitsgehalt der Luft und an dem nassen Gras.

An der Sprache der beiden Fischer höre ich, daß sie aus Holland kommen. Sie sind so in ihre Fangaktivitäten vertieft, daß sie unsere neugierige Aufmerksamkeit ignorieren. Ab und zu lassen sie für eine Weile ihre Ruten im Gras liegen und starren auf den Schwimmer. Dabei verglimmt die Zigarette im Mundwinkel und geht schließlich ganz aus. Vor Spannung vergißt der Fischer sie und läßt sie allmählich im Mundwinkel aufweichen. Petri Heil! — Ich schaue über das unebene Feld mit den herumliegenden Steinen und Abfällen zu den Booten hinüber und sehe zwei Eseln zu, die seelenruhig weiden. Keiner hat sie festgebunden. Freie Tiere auf freier Erde.

Tea time. In der Kajüte unserer „Caitriona" dampft der Tee in den Tassen. Wir knabbern an Keksen. Die Kinder laufen auf den Stegen herum und spielen mit den Schläuchen, die herumliegen. Im Nachbarboot sehe ich, wie eine junge Frau ihr Baby füttert. Die Oma sitzt daneben und strickt. Warum klage ich eigentlich immer wieder über das rauhe und kalte Wetter und den Wind, wenn es offensichtlich auch Säuglinge und Großmütter hier aushalten. Man muß noch viel widerstandsfähiger werden! Bootsleute müssen aus hartem Holz geschnitzt sein. Von den Elementen gestählt.

Ich zünde mir eine Pfeife an und blättere in der „Irish Times". Aus dem Radio tönt wieder Ceili Musik. Fröhliche, beschwingte Weisen. Das Temperament dieser Klänge paßt eigentlich nicht zur schwermütigen Stimmung, die meistens über dem Land liegt. Oder sie spielen ihre Geigen und Akkordeons bewußt in weichem und schnellem Rhythmus, um vor sich selbst und anderen zu zeigen, daß sie die Melancholie überwinden. Landschaft und Menschen lassen sich nicht trennen. Auch über braunem Moor wandelt sich in unbeschwertem Takt Kummer in Freude.

Von Norden her verdunkelt sich plötzlich der Himmel. Irlands Wetter zeigt sich wieder einmal von seiner „sanftesten" Seite. Die schwarze Wand schiebt sich näher. Einige Minuten später wütet ein Unwetter. Sturmböen peitschen über das Wasser. Blitz und Donner folgen in Bruchteilen von Sekunden einander. Erbensgroße Hagelkörner poltern auf das Kabinendach. Ich möchte wissen, wie sich das Gewitter so schnell bilden konnte. In der Gewitterszene von Beethovens Pastorale brauchen die Takte länger, bis sie in die donnernde Paukenwirbel und die Streicherblitze einmünden.

So plötzlich wie der Spuk erschien, ist er auch wieder verschwunden. Nach Westen zu färbt sich der Himmel pastellfarben. Hellblau, rosa und grau schwimmen allmählich ineinander über. Die letzten Sonnenstrahlen können die Nässe nur mühsam aufsaugen. So werden sich in der Nacht Himmels- und Tautropfen mischen und morgen vielleicht erst trocknen.

In Banagher liegt an der Hauptstraße ein ,,Singing Pub", wo die Leute ihr Bier trinken, Darts spielen und Musik machen. Als wir das letzte Mal in Banagher waren, war mir diese Pinte schon aufgefallen. In einer Art Schaufenster lag eine Gitarre und ein Tamburin. ,,Aha", dachte ich, ,,kennst du doch, da gibt's bestimmt Musik."

Wir gehen alle zusammen rein. Der Raum ist eng, aber gemütlich. An der drei Meter langen Theke haben sich schon einige Männer des Dorfes eingefunden. Sie reden und trinken aus den Stoutgläsern das Nationalgetränk Guiness. An der Wand entlang stehen einige Bänke und Hocker um Fässer herum, die Tische ersetzen.

Rechts von der Bar kauert ein alter Mann vor seinem Glas Bier und schweigt. Keiner nimmt Notiz von ihm. An seinen Schuhen klebt der Dreck vom Acker. Sein grauer, grobgewirkter Filzmantel ist von großen Flecken übersät. Auf dem spitzen Kinn sprießen lange Bartstoppeln in alle Richtungen. Mein Erstaunen legt sich bald. Sind doch nur alles Äußerlichkeiten. Auf das Gemüt und die Zufriedenheit kommt es an.

Das Linoleum auf dem Boden läßt Betonflächen durchscheinen. Von der Decke hängt in Fetzen die vom Rauch braun gewordene Tapete herunter, die Bezüge der Sessel haben schon bessere Zeiten gesehen. Abgewetzt und durchgesessen. Früher müssen sie einmal leuchtend rot gewesen sein.

An der Bar umfasse ich das Guinessglas. One Pint, 0,6 Liter. Der Saft ist gut gekühlt. Das löst die Zunge. Im Fernseher über den Köpfen laufen gerade Nachrichten, the news of the day. Die Leute unterbrechen ihre Unterhaltung nur selten, um einen flüchtigen Blick auf die Mattscheibe zu werfen. Ihre Gespräche sind ihnen viel wichtiger. ,,Was denken Sie über Irlands EG-Beitritt?" frage ich den, der am eifrigsten diskutiert. ,,Für uns ist das nicht gut, wir müssen zuviel draufzahlen." Damit erschöpft sich auch schon der Dialog.

Ich gehe nun mit den Kindern in den Nebenraum, wo die Zielscheibe hängt. Wie nehmen uns die Pfeile und schleudern sie drauf los. Kaum Treffer. Aber wir lassen den Mut nicht sinken. Eben haben es uns die Iren vorgemacht, wie das geht. Zielen und . . . in die Zwölf. Na ja, bis zur Zehn schaffen wir es später nach einiger Übung. Das Spiel hat uns durstig gemacht. Die Kinder gehen zur Sitzecke, wo auf dem Faßtisch ihre Limonade steht. Ich begebe mich zurück zur Theke. Auf dem Bildschirm spricht jetzt ein Moderator, der seine Aufgabe furchtbar ernst nimmt, wie Merseburger bei einer Breitseite gegen Strauß. Worum es hier geht, verstehe ich überhaupt nicht. Der soignierte Herr spricht nämlich irisch, die zweite offizielle Landessprache.

,,Verstehen Sie das?" sage ich zu meinem Gesprächspartner von eben. Der lacht und erwidert: ,,Ich kann gerade fünf Worte irisch." Damit ist auch dieses Problem vom Tisch. Jeder Ire muß die beinah in der Versunkung verschwundene keltische Nationalsprache lernen. Aber die meisten vergessen sehr schnell wieder, was sie sich in der Schule mühsam eingetrichtert haben. Es fehlt auch die Bereitschaft zu weiterem Üben. Englisch geht ihnen einfach besser von der Zunge.

In der Glotzkiste wird es lustig. Drei Männer versuchen mit unterschiedlichem Erfolg, ein Ruderboot startklar zu machen. Es geschehen die ulkigsten Dinge: Mal fällt einer ins Wasser. Mal werden sie von der Strömung wieder an Land zurückgetrieben. Die Männer an der Bar schauen nun öfter nach oben. Das liegt ihnen mehr als die Politik. Lange und weit öffnet einer von ihnen seinen beinahe zahnlosen Mund und lacht herzhaft.

In ausgelatschten Pantoffeln schlürft die Wirtin herein. Ihr Alter schätze ich auf höchstens 28 Jahre. Sie wirkt völlig ungepflegt. Avon-Kosmetik hat sich bis hierher noch nicht rumgesprochen. Zottelige Haare und ein weiter fleckiger Rock ergänzen die Unordnung. Die freilich kann ich in diesem Millieu nur bedingt störend empfindne. Irgendwie wäre es verfehlt, wenn in diesem Raum eine aufgetakelte Donna erschiene. Die kantigen Jungs vor dem Tresen kämen aus dem Staunen nicht raus. Ich bin überzeugt, die Landlady fühlt sich so viel wohler.

Der Wirt schüttelt seinen lockigen Kopf, während er über etwas Lustiges lacht, das der Alte ohne Zähne gerade von sich gegeben hat. Das Lokal füllt sich mehr und mehr. Zwei Yards von mir entfernt haben sich gepflegte Leute niedergelassen: Zwei Ehepaare, die die besten Jahre gerade hinter sich haben. Sie unterhalten sich gedämpft. Man merkt die bewußte Contenance. Offenbar Leute, die der Mittelschicht angehören. Ich tippe auf höheres Beamtenmillieu. Im ersten Moment meine ich, die haben sich verlaufen. An der Bar so ein lustiger und rauher Haufen und daneben die gepflegte Runde. Der Eindruck täuscht gewaltig. Die Leute mit den dezent gelegten Frisuren passen sehr wohl hier hinein. In keiner Weise nehmen sie an dem schäbigen Interieur Anstoß. Auf ihre Art fühlen sie sich genauso gut wie die anderen.

Bald soll es losgehn. Wir erwarten schon alle gespannt den Auftritt der Sänger. Der Zeiger der Uhr rückt auf die Zehn los. Maxims sieben frische Lenze zeigen erste Schwächen. Ich merke, wie er mit dem Schlaf kämpft. Es gelingt ihm aber, die Augen noch eine Weile offen zu halten. Man hat Zeit. Ich spüre in mir diese verdammte Ungeduld, die mir noch als Ballast vom Kontinent anhaftet.

Bestimmt gibt es Musik. Was wäre für die Iren ein Abend in so einer lustigen Pinte ohne Musik? Die Lieder und Balladen gehören dazu wie das Stout und der Whiskey. Also, Geduld, mein Lieber. Leg die Unruhe ab. Du bist im Herzen der grünen Insel, wo, wie es A. E. Johann in einem Buchtitel so treffend gesagt hat, „die Zeit auf Urlaub geht." Die Kleinen sollen ruhig einschlafen. Stört sich sowieso keiner dran. Kinder gehören in diesem Land zu den Selbstverständlichkeiten.

Schnell, bevor es losgeht, zieht es mich auf den Hof. Ich muß etwas von dem schwarzen Guiness wegtragen. Ich folge dem Pfeil „Toilet" und lande auf einem stockdunklen Hinterhof. Langsam nur gewöhnen sich die Augen an die Finsternis. Bei genauem Hinsehen merke ich, daß dort ein einziger Morast ist. In Trittlänge voneinander entfernt liegen halb eingesunken Hohlblocksteine im

Schlamm. Ich habe Glück gehabt und nicht danebengetreten. Der abenteuerliche Steg mündet in ein zum Hof hin offenes Gewölbe, in dem mittendrin eine Klosettschüssel steht, Marke „Solitär“. Trotz intensiven Hinsehens vermisse ich jedweden Anschluß an ein dickes Abflußrohr. Jeden Augenblick müßte ein Rattenschwarm vorbeihuschen. Die Tiere schlafen offenbar schon.

Bei Tag wäre diese Sanitäreinrichtung ein lohnendes Studienobjekt für Entwicklungshelfer, bevor sie auf ihr neues Arbeitsfeld losgelassen werden. Hier könnten sie in aller Muße studieren, wie es nicht sein sollte.

Als ich in den roterleuchteten Kneipenraum zurückkomme, hat schon eine junge Frau am Piano Platz genommen und klimpert einige Takte zur Probe. Behäbig schlürft der Wirt mit seiner Gitarre zu ihr hinüber und stellt sich in Positur. Schnell ist das Instrument gestimmt, und es kann beginnen. Rauchig und rauh schallt die sonore Stimme des bärtigen Barden durch die enge Spelunke. Er singt uns das Lied vom Briefeschreiber. Die Post hätte ihre wahre Freude daran, wo sie doch die Leute animiert, „Schreib' mal wieder!“ Das meint der Sänger auch, wenn er in schmissigen Rhythmen dazu auffordert, der alten Mammy aus der Fremde ab und zu einen Brief zu schreiben, sonst wird sie traurig. Das Schicksal, zu Hause auf Post von den ausgewanderten Söhnen und Töchtern warten zu müssen, ist vielen irischen Müttern nur allzu bekannt. Manch eine sieht ihren Sohn nie wieder.

Ich denke an die bekannte Dame, mit der ich am Ankunftstag in Dublin telefoniert hatte: Ihr Sohn, der einzige neben vier Töchtern, ging in die Fremde, um wer zu werden, die Versuchungen der schillernden Welt draußen in persönlichen Erfolg, Geltung und materiellen Wohlstand zu verwandeln. Bis nach Argentinien hat es ihn verschlagen. Dort verkehrte er in den ersten Kreisen. Viel emigrierte Aristokratie aus Europa hatte er sich zu Freunden machen können. Eines Tages überraschte ihn der Tod. Wie man erfahren konnte, war er in betrunkenem Zustand von einer Schiffsgangway gestürzt und zwischen Schiffslaib und Kaimauer zerquetscht worden. Nicht mal als Toten hat ihn die einsame Mutter, die wenig zuvor schon ihren Mann hergeben mußte, gesehen. Weil ihr das Geld für die Überführung fehlte, hat sie schnell in die Bestattung in der fremden Erde eingewilligt. — Ja, es steckt schon manche Bitterkeit in den Worten zu dieser flotten Weise.

Wehmut schwingt in der Stimme des Mädchens am Klavier. Auf meinen Vorschlag hin stimmt sie den Song von Dublin's fair City und der Molly Mellone an, die am Fieber starb. Ich kenne diese Strophen. „Tante Klara", unsere Englischlehrerin in der Prima hat sie uns beigebracht.

Einige Augenblicke lang spüre ich die Versuchung in mir nagen. Die beiden Musikanten fordern jeden auf, nach vorne zu kommen und etwas vorzusingen. Warum soll ich von so weit anreisen und den Iren, die meist so hervorragende Stimmen und einen reichen Liederschatz haben, etwas vormachen. Die können das viel besser. Also vergesse ich meine ursprüngliche Absicht. Die vornehmen Leute an dem Nebentisch schwanken offenbar, ob sie auf das Angebot eingehen sollen und diskutieren herum.

Eine der beiden Damen scheint einen Moment lang nachgeben zu wollen. Die anderen drängen sie. Aber auch auf diese Stimme werden wir verzichten müssen.

Der Wirt streicht sich über seine roten Barthaare und zupft wieder auf seiner Gitarre. Macht nichts. Wenn keiner singen will, machen wir es eben selber. Jetzt kommt ein zünftiges Sauflied. „Nancy Whiskey . . .“ Dabei hebt er den Finger und warnt vor dem Teufelstrank. Faß den nie an! Welch eine ironische Drohung in einem Land, wo so viele Whiskeytrinker rumlaufen.

Maxim ist fest eingeschlafen. Halb zwölf ist vorbei. Wir müssen zu unserem schwimmenden Heim. Schade, die Iren haben bestimmt bis in die frühen Morgenstunden gesungen. Ihre Kehlen ermüden erst spät. Sing mal bei uns in einer Kneipe! Dann wirst du für verrückt gehalten oder der Wirt gibt dir einen eindeutigen Wink: Entweder du hörst auf oder . . . Es ist schön, mit diesen Menschen hier zusammen zu sein. Sie akzeptieren ohne Vorbehalte die Besucher aus dem fernen Land. Ihre Herzlichkeit und Unkompliziertheit machen sie so sympathisch.

12. 4.: VON BANAGHER NACH CLONMACNOISE

Heute Morgen fällt mir das Aufstehen leichter. Die Kälte beißt weniger stark in die nackten Zehen. Die Temperatur hat sich etwas höher geschraubt als gewöhnlich. Aus den Acht-Uhr-Nachrichten tönt optimistisch stimmende Kunde: Wirtschaftminister O'Malley hat Verordnungen unterschrieben, nach denen die Vorräte der Ölgesellschaften von der Regierung bewirtschaftet werden sollen. Es wird noch besser: Morgen Abend wird der Streik der 39 Cranemen in den Dubliner Docks beendet werden. Diese Arbeitskräfte tragen zwar einen Kran in ihrem Namen, aber, wenn ich es richtig verstanden habe, beschäftigen sie sich mit dem Löschen von Rohöl.

Den Vormittag verbringen wir noch in Banagher. Da es trocken ist, nutzen wir die Zeit zu einem ausgedehnten Einkaufsbummel und schlendern die ruhige Dorfstraße entlang. Bevor wir wieder ins Hafengebiet abbiegen, gehe ich in das kleine Hotel.

Der Wirt in der Miniaturherberge sitzt in seinem Foyer lässig zurückgelehnt in einem abgewetzten Lehnsessel und hat seinen Kopf hinter dem ,,Irish Independent" versteckt. Ich will nochmal versuchen, in Dublin anzurufen. Vielleicht hat Mrs. Kelly ein Einsehen und gewährt uns Unterkunft, falls wir wegen des rauhen Klimas früher die gastliche Spätwinterlandschaft verlassen wollen.

Auf meine Frage, ob ich mal telefonieren könnte, antwortet er in seiner schallend, dunkeltimbrierten Stimme:

,,Machen Sie sich keine Mühe! Der Operator ist wegen des Streiks nicht auf seinem Posten. Nach Dublin gibt es nur Handvermittlung. Keine Automatik von hier aus. Tut mir leid.''

Nun muß ich diese geheime Hoffnung begraben. Die ganzen vierzehn Tage müssen wir durchstehen. Hilft nichts. Kopf hoch, Junge. Wird schon nicht so schlimm werden. Immerhin waren ja schon einige Lichtblicke zu verzeichnen. Paar Stunden hat die Sonne geschienen. Warum sollten wir eigentlich kneifen, wo wir uns bewußt für das Abenteuer entschieden haben?

Hinter der Theke putzt eine Frau. Ich bitte sie um eine halbe Pint Guiness. Eine ganze will ich mir nicht genehmigen. Ich muß heute noch ans Ruder. — Kaum daß der braunschwarze Saft vor mir steht, beginne ich mit einer Eloge auf diesen besonderen Trank. Das hört der Wirt sichtlich gerne. Sofort legt er die Zeitung zur Seite und erzählt von seinen Guiness-Erfahrungen in England und auf dem Kontinent. Die Geschmacksnuancen erkennt wohl nur ein wahrer Kenner. ,,Außerhalb Irlands'', stellt er sachlich fest, ,,schmeckt das Zeug schal. Man kann es nur hier wirklich mit Genuß trinken.'' Während unserer Unterhaltung bleiben wir zusammen mit der Frau, die immer noch hinter der Theke steht, die einzigen in dem Foyer. Komisch, den Poststreik und seine negativen Folgen habe ich vergessen. Man arrangiert sich und findet sich ab. Aufregen bringt nur Nervenverschleiß. Davon halten die Nachfahren der Kelten wenig. ,,Good bye, hello, glad to have met you . . .'' (Auf Wiedersehen, hallo, froh sie getroffen zu haben).

Zehn Meilen, eine gute Stunde Fahrt, liegen vor uns. Problemlos starten wir zur nächsten Etappe in Richtung Norden. Der Himmel hat sich wieder verhüllt, und das altbekannte Geräusch der Regentropfen und des durch die Ritzen pfeifenden Windes gesellt sich zu dem monotonen Brummen des Motors. Die ganze Fahrtzeit über läuft der Scheibenwischer. Es ist nur einer vor dem Führerstand vorhanden. Die Sicht nach rechts wird entstellt durch zerlaufende Tropfen.

Einige Male begegnen wir einem Boot. Man winkt sich zu und ruft einen Gruß hinüber. Ja, die Shannonschiffer verstehen sich gut untereinander. Ich zähle uns schon zu dieser edlen Zunft, obwohl meine Nautik einem ausgekochten Fahrensmann kaum mehr als ein Schmunzeln abringen kann. Trotzdem bin ich ein bißchen stolz darauf, daß es bisher ohne nennenswerte Schramme abgegangen ist.

Shannonbridge Power Station raucht wie auf dem Hinweg. Die Wolken hängen ebenso grau herunter. Lediglich Strömung und Wind drücken kräftiger gegen den Bug. Das bedeutet langsameres Tempo. An der schmalen Pier bei den Ruinen kommen wir ca. eine halbe Stunde später an. Das Festmachen klappt prima. Was mir ein wenig Kummer macht, ist der fast schon stürmische Südwest. Gegen die Fließrichtung des Flusses treibt er das Wasser. Das Boot ist mit der ersten Knotenanordnung gar nicht zufrieden. Wir müssen mehrfach die Leinen umknüpfen, bis wir die sicherste Kombination gefunden haben.

Auf der seenartigen Ausweitung des Shannon tragen die

Wellen Schaumkronen. Das müßte mindestens Windstärke fünf sein. In der Tat, von der natürlichen Strömung merkt man gar nichts. Äolus ist stärker und setzt die Schwerkraft matt. Nichtsdestotrotz müssen wir bei der übliche Anordnung, Bug gegen die Fließrichtung des Wassers, bleiben. Was wäre, wenn nachts sich der Wind plötzlich legte? Dann wären die Seile falsch gelegt. Sie würden sich leichter lösen können. Also, es bleibt dabei: Bug gegen Strömung, auch wenn der Gegenstrom gegen das breite Heck drückt.

Vier weitere Boote gehen längsseits. Unser Seil muß den Zug von fünf Booten im Luv aushalten. Es ist bis zum Bersten gespannt. Ich sehe die Nacht mit ungutem Gefühl nahen. Erstmalig schaukeln auch die Planken. Beim Gehen über Deck muß man sich gut festhalten. In unregelmäßigem Takt schlagen die Bootsrümpfe aneinander. Erinnert mich an Trommeln im Urwald. Allerdings fehlt hier ein exakter Takt.

Welch eine Überraschung: Backbord entdecke ich das mir schon bekannte dünne Allwetterverdeck. Wieder öffnet sich, wie von Geisterhand betätigt, der Reißverschluß. Es erscheint der Kopf, der mir gut in Erinnerung ist. Damals steckte er unter der Kapuze eines dünnen Nylonmantels. Ja, kein Zweifel mehr: Es ist der Studienrat, mit dem wir vor wenigen Tagen auf etwas unsanfte Weise Bekanntschaft gemacht hatten. Beide Kapitäne erkennen sich, schauen sich erst mal längere Zeit prüfend an, so als trauten sie einander noch nicht so ganz. Als Fahrensmann bewahrt man sich einen Rest Mißtrauen.

Trotz steifen und fast lähmenden Luftzugs bricht nach Sekunden das Eis. Hallo und Grüße wechseln vom einen wackelnden Deck zum anderen. Die nächsten Personen tauchen auf. Seine Mutter lugt mit dem Kopf zwischen dem Reißverschluß hervor. An ihrer Nase hängt ein dicker Tropfen, der gleich herunterfallen wird. Sie grüßt herüber. Dann schält sich die Schiffersfrau heraus und lacht übers ganze Gesicht. Schließlich hüpft der Sohn behende an Deck.

Während ich ein Gespräch von Käpt'n zu Käpt'n beginne, fangen die beiden Frauen ebenfalls an, Erfahrungen auszutauschen. Das Leben auf dem Fluß stellt Anforderungen an Mensch und Maschine. So viel is man klar, ne. Wir werden ordentlich durchgeblasen. Mir wird kalt. Ich lade alle auf ein Glas Whiskey auf die ,,Caitriona" ein, damit uns ein ordentlicher Kalorienstoß auf den Beinen hält. Tatsächlich empfinde ich Wiedersehensfreude hier in dieser Einöde, wo sich keine Füchse gute Nacht sagen sondern nur Schwäne. ,,Also bis später, so um halb zehn rum", brülle ich gegen den Sturm und kriege eine geballte Ladung original unverseuchte Mittirlandsluft in die Bronchien geblasen. Er nickt mir zu. Meine Nachricht ist angekommen. Wir ziehen uns alle unter Deck zurück.

Die Kinder jubeln, daß sie Besuch kriegen. Zwei Jungen werden gleich herüberklettern. ,,Fein, da können wir zusammen spielen, prima," ruft Isabel lachend. Maxims Miene hellt sich auf. Er hat schon längere Zeit nicht mehr mit gleichaltrigen Jungen gespielt. Aber erst mal essen. Jeder der Besatzung hat einen gewaltigen Appetit.

Was haben wir denn an Büchsen da? Würstchen, Erbsen, Kartoffeln. Für Maxim bereite ich den unvermeidlichen Pfannkuchen. Es schmeckt uns allen prima. Oh du mein Guiness, du Energiespender, du darfst mir nie fehlen. — Die beißende Heizungsluft reizt die Augen, zumal der Südwest sie ins Innere drückt. Man ist hart im Nehmen geworden. Indianer bleiben auch standhaft, wenn sie um das Lagerfeuer sitzen, und der Rauch hüllt ihr Gesicht ein.

Halb zehn, der letzte Schimmer Dämmerung hat sich über die Kimme verkrochen. Rabenschwarze Nacht liegt schwer über den aufgewühlten Fluten. Das Tänzeln des Bootes auf den unruhigen Wellen und das Aneinanderklacksen der schaukelnden Rümpfe, die auf Gedeih und Verderb zusammengeknotet sind, merken wir kaum mehr. Woher mögen Seeleute ihren schwankenden Gang herhaben. So allmählich komme ich dahinter.

Schritte tappen über die Planken. Ich gehe unseren Gästen entgegen. Die Oma bleibt drüben und räumt die Kombüse auf. Da der heutige Tag anstrengend war, will sie sich gleich in die Koje legen. Der zweite jüngere Sohn ist mit dabei.

Ich verkneife mir Floskeln wie „Wollen Sie ablegen?“ oder „Wie schön, daß sie gekommen sind.“ — „Wie geht es Ihnen?“. Die Mäntel bleiben an. Die Kinder rücken schnell zusammen. Maxim holt das Mensch-ärgere-dich-nicht-Spiel heraus. Bald ist die Jugend ins Würfeln vertieft. Ich gieße einen kräftigen Schluck aus der Whiskeyflasche in die Gläser. Es ist die Flasche, die mir der Manager von Athlone Cruisers nach dem Brand als Trostpflaster zugesteckt hatte. Nun leistet uns der Jameson hervorragende Dienste.

Schon nach einer kurzen Berührung der Zunge mit dem edlen Destillat, sprudeln uns die Erlebnisse nur so von den Lippen. ,,Sie können sich nicht vorstellen, was es für uns eine Tortur war, drei Stunden bei eineinhalb Meter hohen Wellen über den aufgepeitschten Lough Ree in dieser Nußschale zu schaukeln. Mein Sohn und ich haben krampfhaft das Ruder festgehalten. Die beiden Frauen mußten, obwohl sie seekrank waren, die Augen zusammenkneifen, um die bei der schlechten Sicht kaum erkennbaren Baken auszumachen, damit wir nicht vom Kurs abkamen. Ich kann Ihnen sagen, das war heiter. Unser weitester Punkt im Norden war Roosky. Ist ein schöner kleiner Ort. Hat uns gut gefallen, müssen Sie unbedingt hinfahren.'' — ,,Na ja'', denke ich, das kann ja noch abwechslungsreich werden, wo wir immerhin schon einiges hinter uns haben,'' Herr Barmsen spinnt weiter sein Seemannsgarn — Ist es das wirklich? Wir hören gebannt zu:

,,Ich sage Ihnen, was wir alles gehört haben, was den Leuten so passiert. Unmöglich ist das. Der eine knallt mit seiner Barkasse voll gegen die Schleusenmauer, weil er zuviel Fahrt drauf hat. Der andere fährt ohne Heizung durch die Gegend. Die hat nämlich ihren Dienst quittiert. Johann, der kundige Freizeitschiffer aus dem Kohlenpott, paßt beim Einholen der Leinen nicht auf. Das Seil plumpst an der falschen Stelle ins Wasser und wickelt sich um die Schraube. Das Boot macht kaum noch Fahrt und verbraucht die dreifache Menge des kostbaren Dieselöls. Später wird der Kahn in einer Werft vom Kran aus dem Wasser gehoben. Ein Berliner klagte über die ausgefallene Kühlwasserpumpe. Ich sage Ihnen, Sie halten mich sicher für einen großen Aufschneider, als zwei ältere Herren, die Schiffermütze akkurat auf der Stirn im Steuerstand eines großen Bootes stehen und abfahren wollen, da kracht denen die Kommandobrücke unter dem Hintern zusammen, weil das Holz darunter verfault war. Wundert mich nicht in dem feuchten Klima," — Ich atme einmal tief durch und denke darüber nach, ob ich ähnliche Hiobsmeldungen parat habe. Nein, ganz so Schlimmes weiß ich nicht zu berichten. Außer unseren eigenen Mißgeschicken, die wir schon irgendwie verarbeitet haben.

„Wissen Sie, wir kennen einen, der ist Kapitän und der hat, als er von der christlichen Flußschiffahrt auf der grünen Insel hörte, die Hände über dem Kopf zusammengeschlagen. Der konnte sich nicht darüber einkriegen, daß solche Schwärme nautischer Laien ohne ausreichende Übung aufeinander losgelassen werden." Wie hieß es so schön im Prospekt des Reiseveranstalters: „Nach kurzer Einweisung sind Sie in der Lage, den schmucken Kabinenkreuzer selbst zu steuern. Ein Führerschein ist entbehrlich." —

Bange machen, ist kein schöner Zug. Wir werden uns schon durchschlagen. Mein Kommentar trotz mancher widriger Umstände: „Hart zuzupacken, lernen die Seekadetten auf der Gorch Fock auch. Und wir haben nicht einmal Takellage und 45 Meter hohe Masten, auf die wir auch bei Sturm klettern müssen. Also man ganz schön ruhig bleiben. Außerdem bringt dieser harte Einsatz Appetit, gesunde Müdigkeit und gut durchblutete Backen. Und dem Nervenkitzel folgen stets Phasen der Entspannung. Beruhigungspillen bleiben im Röhrchen.

Beim Plaudern verrinnt unmerklich die Zeit. Es geht auf elf los. „Gute Nacht. Wann wollen Sie morgen weg?" — „Nicht so früh, wahrscheinlich erst am Nachmittag." — „Fein, da haben wir ja Zeit."

Unsere Besucher wanken hinaus in die rauhe Wirklichkeit. Ein Sprung hinüber aufs eigene Boot. Der Käpt'n wagt's zuerst, damit er seine Frau und die beiden Burschen sicher herüberziehen kann. Gottlob, er schafft's dank eines bescheidenen Schluckes Lebenswasser (uisge beaugh = Whiskey = Lebenswasser). Der Reißverschluß ratscht hinter dem letzten zu. Ein Licht glimmt schwach durch das rückwärtige Bullauge. Familie Barmsen schlüpft in die kalten Betten. Er in seinen Müllsack, der, wie er uns das letzte Mal erzählt hat, am besten wärmt.

Trotz Dunkelheit schimmern Schaumflocken auf dem Wasser. Schnell hauchen sie ihr kurzes Leben aus, um anderen Platz zu machen. Das Seil, an dem wir und die anderen Schiffe hängen, spannt sich unter der Last der vom Wind weggedrückten Boote. Ich springe auf den Ponton und sehe mir die Knoten an, rucke einmal daran. Alles fest wie Eisen. Ritas Knotkunst bewährt sich auch ohne nautische Fachbibliothek an Bord. Fröstelnd schlürfe ich die paar Schritte zurück in die Kabine und setze mich an den Tisch, um die letzten Tagebucheintragungen zu machen.

Die Kinder wollen mich nochmal vor'm Einschlafen sprechen. Aus den dicken Deckbetten schauen gerade noch die Haarschöpfe heraus. Auf das Kabinendach macht es klack, klack. Regen. An der Wandverkleidung sehe ich Feuchtigkeit herunterrinnen: Kondens- und Regenwasser. Die Spur endet irgendwo im Bett. Ein nasses Bett würde einer besorgten Mutter die Haare zu Berge stehen lassen. Wir sind uns einig darüber, daß wir etwaige negative Folgen des Wetters und der Durchlässigkeit unseres Bootes ignorieren. Bisher ist es gut gegangen. Blopp, blopp, blopp tropft es von der Dachluke in die umgestülpte Seifenschale auf dem Boden. Der schlichte Holzdeckel verträgt eben keinen Dauerregen.

,,Meinst du, wir werden weggeblasen und das Seil reißt?'' fragt Maxim mich besorgt.'' — ,,Nein, nein, das hält schon. Und wenn es reißt, werden wir da hinten auf das Schilffeld getrieben, also gegen dasLand. Nein, passieren kann wirklich nichts. Schlaft gut! Morgen könnt ihr auf der Burgruine so lange spielen, wie ihr wollt.'' So ganz bin ich von meinen Beschwichtigungen nicht überzeugt. Wäre unangenehm, wenn wir uns morgen früh in den Binsen wiederfänden.

Ich schlage mein Notizbuch auf. Gerade als ich den ersten Strich aufs Papier machen will, läßt mich ein tuckerndes Geräusch innehalten. Ja, es ist trotz Gehäule und Rumpf-Tam-Tam deutlich hörbar und verstärkt sich allmählich. Das muß ein winziger Außenbordmotor sein; vielleicht ein PS Leistung. Vorsichtig schleiche ich an Deck. Einige Meter neben den Booten huscht ein kanuartiges Gebilde vorbei. Ich muß meine Augen anstrengen und erkenne zwei kauernde Gestalten in dem Nachen. Das Fahrzeug dreht einen Bogen und steuert auf das Land zu. Stille. Wer aussteigt, bleibt in der tunneligen Schwärze verborgen. Was wollen zwei so Kerle zu so später Stunde, wenn alle ordentlichen Bootsleute längst in ihren Kojen liegen und von Merlin oder dem für die Flüsse zuständigen Bruder des Neptun träumen?

Ich tippe erst mal auf Spione. Was sollen die aber hier inmitten einer friedlichen Landschaft ohne militärische Bedeutung und so weit entfernt von Europas neuralgischen Zonen? Dann fällt mir ein, es könnten zwei IRA-Männer sein, die auf der Flucht ein sicheres Versteck für die Nacht suchen. Die Liste meiner Spekulationen ließe sich noch ausdehnen. Sicher stimmt keines meiner Verdachtsmomente. Da sieht man mal, wie man durch Film und Fernsehen auf skurile Gedanken kommt. Bei Nacht, Sturm, Boot ohne Licht assoziiert man gleich Dinge außer der Reihe. Dubiose Indizien, in der Tat.

Die Augen verweigern mir ihren Dienst. Wir müssen unser Bett ausziehen und schlafen gehen. Das Klima laugt aus. Hartes Zupacken und Erzählen machen müde. Wir schlüpfen unter die viel zu dünnen Decken. Während ich dem wohlverdienten Schlummer entgegendämmere, meine ich, Kapitän Ahab aus dem Film ,,Moby Dick" humpelt mit seinem Kunstbein aus Walknochen über die Planken. Das Tock, Tock der Schiffsleiber muß die Einschlafmusik ersetzen. Ich gestehe, daß ich lange brauche, um ins Reich der Träume zu schweben. Der Gedanke nagt in mir, unsere ,,Caitriona" könnte sich doch losreißen. Um zwei Uhr wache ich auf, werfe mir einen Mantel über und springe hinaus auf die Pier. Die Spannung der Halteleine hat etwas nachgelassen. Knoten? In Ordnung. Beruhigt schlüpfe ich wieder unter die Decke und versuche, die kalte Nase durch Auflegen meiner Hand ein wenig zu wärmen. Kurz bevor mir die Lider runterklappen, verirrt sich ein Mondstrahl und leuchtet gespenstisch durch den Vorhang des Kabinenfensters.

13. 4.: VON CLONMACNOISE NACH ATHLONE

Helles Sonnenlicht glänzt durch die kondensierten Scheiben. Ich wische mir ein Guckloch und traue meinen Augen nicht. Ein wolkenloser Himmel wölbt sich über den breiten Strom. In der Morgenstunde färbt er die Fluten bereits blau. Ein Frühlingsblau oben und unten. Keine Sahnehäubchen mehr auf den Wellen. Dahinten startet gerade ein Schwanenpaar zu seinem morgendlichen Ausflug. Ich sehe zur Landseite hin.

Das Schloß des O'Melaghlin badet sich im Licht. Steine, die gestern wertloses altes Grau trugen, sind nunmehr goldüberzogen. Leben ist in die Ruinen eingekehrt. Fensterhöhlen und bröckelnde Mauern beginnen, die Geschichte und Zerstörung vergessen zu lassen. O'Melaghlin, dein Schloß würde ich gerne in seiner stolzen Größe bewundern. An einem solchen freundlichen Morgen bist du auf die Zinnen getreten, hast deinen Fluß unter dir gesehen und hast gedacht, wie bezaubernd deine Heimat ist. Du hast dir nicht ausmalen können, daß einmal eine Horde wilder Unterdrücker deine Steine zermalmen würde. Sei dir dessen gewiß, daß die Zerstörer ihren Frevel unvollständig gelassen haben. Wir bewundern deine Ruinen, werden gleich den Hügel hinaufgehen und von der Stelle aus unseren Blick über dein Land schweifen lassen.

Unser Boot und die anderen daran festgeknüpften haben noch dieselbe Position wie gestern Abend. Der kalte

Atem eines Sauriers, der irgendwo ausdauernd geschnaubt hat, verlor den Zweikampf mit unserem Seil. Wir sind nicht da drüben im Schilfgürtel gelandet. Die orographischen Verhältnisse haben sich ebenfalls normalisiert. Der Fluß fließt wieder eindeutig nach Süden. Das geisterhafte Tock-Tock aus der Nacht, die Schritte des beutelüsternen Kapitäns Ahab, die Landung der beiden IRA-Leute, diesen Status habe ich ihnen insgeheim zudiktiert, alles hat sich in Frieden aufgelöst: Deren Kanu liegt unweit der betonierten Landungsbrücke. Aus einer Bodenmulde unterhalb der Ruine lugt ein blaues Zweimannzelt hervor. In dem schmalen Nachen entdecke ich Angelgerät. Der Außenbordmotor hat wirklich, wie ich es vom Töff Töff her schon vermutet hatte, winzige Ausmaße. Daß die damit überhaupt in dem Gebrodel vorankamen, grenzt ans Wunderbare. Hinten am Zelt regt sich nichts.

In Irland sind die Nächte lang und könnte man abwandeln in: In Irland schläft man fest und lang. Die Luft macht müde. Hinzu kommt der Kampf gegen die Elemente. Ich gebe meine vorgefaßte Meinung über die Absichten der beiden nächtlichen Flußleute auf und entschließe mich dazu, daß es sich um Angler handelt. Diese Version gefällt mir wesentlich besser, denn mit der historischen Hypothek in diesem zweigeteilten Land hätte ich hier an diesem Platz der Einkehr und des Friedens weniger gern zu tun gehabt.

Vor dem Frühstück gehe ich hinaus, sauge die Frische tief in mich ein und lasse mich wärmen. Hinter uns liegt ein breiter Kahn, auf dem mindestens acht Männer einquartiert sind. Der älteste ist gerade dabei, Kaffee zu kochen. Er trägt einen Schlapphut, wie einst der Alte in Cadenabbia. Die anderen, junge Kerle um die zwanzig, tollen vor dem Boot herum. Einem davon drücke ich die Kamera in die Hand und bitte ihn, mich aufzunehmen. Lässig lehne ich mich gegen das Kabinendach, den linken Unterarm aufgestützt. Die Hand baumelt entspannt herunter. Der knallrote Anorak bildet einen scharfen Kontrast zu dem Weiß des Bootsanstrichs und den Azurhimmel dahinter. Ich blicke auf die alten Kirchen an Land, weil diese mich in ihren Bann ziehen. Zufriedenheit darüber liegt auf meinen Zügen, die Anforderungen bisher einigermaßen gemeistert zu haben. Es kann sich so fortsetzen. Schlimmer wird es sicher nicht.

So, jetzt habe ich genug gestaunt. Der Magen meldet sich. Drinnen duftet schon der Tee. Schwaden von Ham and eggs ziehen mir in die Nase. Die Kinder sitzen schon am Tisch über ihren Cornflakes. Lyons tea, du Tröster aller fast Erstarrten. Du Lebensspender in der Einsamkeit. Belebendes Elixier und treuer Begleiter. So oft hast du uns wieder neuen Mut gegeben.

Nun sind die Scheiben von den Strahlen der gnädigen Sonne getrocknet. Rundumblick am Morgen. Ein bisher unbekanntes Erlebnis. Schon jetzt hat ein reger Verkehr auf dem Wasser eingesetzt. Einige sind von hier aus schon aufgebrochen. Andere kommen und legen an. Wir wollen schnell raus und diesmal die zerbröckelten Kirchen ohne Spukatmosphäre sehen. So, wie wenn der Vorhang zu einer festlichen Zeremonie aufgegangen wäre.

Die Kinder hält nichts mehr. Sie rennen mit den beiden Jungs aus Norddeutschland auf die Ruine der Burg zu. Sicher haben sie Enid Blytons ,,Die Burg der Abenteuer“ im Kopf. Sie stürmen die Böschung hinauf und verschwinden wenig später zwischen den Steinen. Ab und an taucht einer auf. Wir sehen sie waghalsig herumklettern und hoffen, daß das spröde Gestein nicht abbröckelt. Wir lassen sie in dem Gemäuer ungestört spielen und stapfen durch das noch feuchte Gras auf den Friedhof und die sieben Kirchen zu. Clonmacnoise, die Wiese der Söhne des Nos. Wer war Nos? Vielleicht ein Bauer, der dem heiligen Kieran dieses grüne Stück Land geschenkt hat. Das muß bereits im 6. Jahrhundert geschehen sein. Die erste Kirche ließ allerdings der König Dermot 548 errichten und schenkte sie Kieran. Von da an geht es aufwärts. Die Abtei erlangte mehr und mehr Bedeutung. Alkuin wirkte hier gegen Ende des achten Jahrhunderts. Später hatten die frommen Gottesmänner vollauf zu tun, sich der dauernden Däneneinfälle zu erwehren. Aber ebensowenig wie die Dänen konnten ihnen Plünderer aus England und dem damals selbständigen Königreich Munster etwas anhaben. Den Todesstoß gaben schließlich aber doch die Briten.

1552 war die Herrlichkeit vorbei. Wie die meisten der ehrwürdigen Gotteshäuser und Schlösser erwischte es auch diese Stätte der Einkehr und des frommen Gebetes. Britannien walzte Jahrhunderte blühender Kultur nieder. So total, so einschneidend, daß die Iren es ihren Nachbarn bis heute nicht vergessen haben. Im Norden schwelt der Haß, den man in der Republik weniger findet, bis in unsere Tage weiter. Wenn auch stolze Gotteshäuser in Schutt und Asche fielen, blieben die Menschen in ihrer Religiosität durch die Jahrhunderte der Knechtschaft ungebrochen. Bis heute haben sie sich ihre tiefe Frömmigkeit wie einen Schatz bewahrt. Er ist ein Teil von ihnen geworden und etwas Selbstverständliches. Allen Laisierungs- und Sozialisierungstendenzen im übrigen Europa zum Trotz.

Man meint, gleich müßten Pilgerzüge auftauchen, um ihres Patrons St. Kieran zu gedenken. So festlich ist das Kleid, das sich die stummen Monumente umgehängt haben. Es ist aber noch Zeit bis zum 9. September, dem Tag, an dem der Heilige sein Festival feiert.

Ich will nicht weiter in der Geschichte wühlen. Das sind nur nüchterne Fakten. Auch die Ausmaße der einzelnen Gemäuer aufzuzählen, kann ich mir sparen. Wer Einkehr und einen Weg zu seinem Selbst finden will, braucht sich nur in einer der Kirchen, die auf irisch Teampull (Tempel) genannt werden, gegen die Mauer zu lehnen und durch das offene Dach das Spiel der Vögel zu verfolgen.

Ein Lufthauch streicht vom nahen Strom herüber und bringt den stolzen Schrei eines Wildvogels mit. Aus dem Kirchenboden lugen zwischen Grashalmen die gelben Kelche von Osterglocken hervor. Von niemandem gepflanzt, sind sie einfach da. Natürlicher Schmuck im grünen Bodenteppich. Verehrung für die Gräber, deren Inschriften verblichen sind.

Wenn du dort stehst und meditierst, hegst du Zweifel an deiner gewohnten Welt und Umwelt. Du ziehst den

Atem vergangener Zeiten ein. Hier werden dir Klangstrukturen klar. Dein Gehör beginnt, sich von der Abstumpfung durch aufgezwungenen Lärm zu befreien. Wie durch sich öffnende Schleusentore ergießt sich das Erleben des eigenen Ich in dein Inneres. Deine Antennen fahren aus. Plötzlich merkst du, daß es auch andere Ziele gibt, als nach immer mehr Reichtum zu streben. Löse dich nicht hastig von diesem Ort! Nimm die Blumen der Erkenntnis mit! Halte stumme Zwiesprache mit den Toten, die der Rasen bedeckt! Laß dir etwas von ihrem Frieden geben.

Wir gehen den Feldweg eine halbe Meile nach Norden. Links und rechts weiden Kühe. Bald taucht eine ca. ein Meter hohe Umfassungsmauer auf. Hundert Meter dahinter sehen wir ein Gehöft, das von hohen Bäumen umgeben ist. Aber gleich vorne steht eine weitere Kirchenruine, die siebte, die der Nonnen, aus dem 12. Jahrhundert. Man hat einen Torbogen geschickt restauriert. Jedoch auch dieses Bethaus steht in unwürdiger Umgebung. Wo sind die Nachkommen der Menschen, die einst in ihrem Gewölbe gebetet haben? Viele sind jenseits des großen Teiches gezogen. Ob sie auf ihren Heimattrips bis hierher finden, bezweifle ich.

Durch die Fensterhöhlen pfeift es. Kühe stehen mit stierem Blick herum, beglotzen die Eindringlinge. Dort, wo im alten Kirchhof einst Grabsteine standen, liegen jetzt Kuhfladen. Die Mauern sinken immer tiefer in den Grund.

Nach einem kurzen Stück Weges erreichen wir den Fuß eines vielleicht fünfzig Meter hohen Hügels. Weit und breit die einzige Erhebung. Der Zugang ist uns versperrt. Wir müssen erst Stacheldraht überklettern. Von den letzten ausgiebigen Regenfällen ist der Boden aufgeweicht. Schlamm quillt über unsere Schuhe. Wieder begleitet Kuhmist unsere Schritte. Je steiler der Hang ansteigt, umso grob gemusterter wird der Fladenteppich.

Die Sonne schickt unvermindert ihre Strahlen. Wattebäusche ballen sich am Himmel zusammen, nehmen aber keine bedrohliche Form an. Grün und braun liegen die Felder da. Einzelne Bauernhöfe und Torffelder unterbrechen das Einerlei. Zwischen Bäumen eingebettet die historischen Trümmer. Das Band des Flusses unterbricht das tafelige Land wenig. Irgendwo weit hinten am Horizont berühren sich Wolken und Gras. Thomas hat seine Kamera aufgebaut. Das Plateau eignet sich hervorragend für Schwenks. Die starke Brennweite läßt die Distanz schrumpfen. Auf dem Film fehlt jedoch der Eindruck der Ferne. Die eigenen Augen sind unbestechlicher als totes Linsenglas.

15. 00 Uhr. Wir legen ab. Kurs Norden. Die Bugwelle rauscht. Ich fahre noch gedrosseltes Tempo, denn ich will den heiligen Ort nur langsam vorbeiziehen sehen. Rita hat es sich auf der Eckbank bequem gemacht und sich ein Buch zur Hand genommen. Sie würdigt St. Kieran's holy grounds keines Blickes mehr. Der Tempelbezirk war ihr nicht ganz geheuer. Er hatte auf sie eher gespenstisch und unheimlich gewirkt.

Athlone Lock diesmal von der anderen Seite. Als Willkommensgruß stehen beide Tore offen, so daß wir ohne Halt behutsam in die Schleuse gleiten können. Problemlos gelingt das Vertäuen. Die Technik beherrschen wir nun schon ganz gut. Athlone hat sein graues Kleid, das wir vom letzten Mal noch in Erinnerung haben, völlig abgelegt. Der Platz vor der Schleuse, die weiter entfernt auf einer Anhöhe stehende doppeltürmige Kirche, die Lagerschuppen leuchten in einem warmen ocker. Über das Stauwehr stürzen tosend wie in einem Katarakt schaumaufwirbelnde Massen, treiben in der Strömung mit, verlieren sich allmählich in immer glatter werdenden Wellen. Drüben, am anderen Ufer kratzt ein schlanker Kirchturm eine Wolke an.

Wir haben viel Zeit. Die wohlige Wärme dämpft die Aktivitäten der Schleusenmannschaft. Sie lassen die Tore lange offen, bis das Becken mit fünf Booten auch wirklich voll ist. Die Hubhöhe erlaubt es, an Land zu gehen. Wir begeben uns auf den Platz bei der Schleuse und kommen mit einem Ehepaar, das vom zwölfjährigen Sohn begleitet wird, ins Gespräch. Beide, sportliche Typen in mittleren Jahren, tun so, als wären sie ganz alte Hasen. Letztes Jahr sind sie über das Seensystem des Lough Erne in Nordirland geschippert. Das liegt dort, wo die Bürgerkriegswirren nicht mehr hinkommen, wo die Landschaft ebenso friedlich schlummert wie in der Republik.

O. K. Tea break's is over, gentleman. Take the rudder and start the engine. (Okay. Die Teepause ist vorbei, gentleman. Greifen Sie ins Ruder und starten Sie die Maschine.) Wir schwingen uns an Bord zurück und ich drehe auf dem Armaturenbrett den Zündschlüssel herum. Nichts rührt sich. Ich versuche es ein zweites und schließlich ein drittes Mal. Totenstille. Die siebzig Pferde scheinen fest eingeschlafen zu sein. Wieso das? Heute haben sie erst wenig schaffen müssen. Meine Schiffernerven geraten aus dem Gleichgewicht. Ich renne, wütend über diese technische Panne, raus und rufe dem Wärter zu: The engine won't start. (Der Motor will nicht.) Der reagiert gleich richtig, winkt einem Kumpel. Beide Männer lösen die Seile aus den eingelassenen Stahlringen. Freunde, jetzt heißt's Treideln. Muß man auch mal ausprobieren. Siehe da, es klappt. Die anderen können ohne eine lange Wartezeit ihre Reise fortsetzen. Nur wir müssen Geduld haben. Eine Tugend, die uns in der kurzen Zeit bereits in Fleisch und Blut übergegangen ist. Einer der Männer kommt schon wieder aus dem Büro. Gleich wird einer von den Athlone Cruisers hier sein und nach der Maschine sehen.

Also, warten, warten. Pfeife anzünden und das Mißgeschick möglichst schnell vergessen. Nach einer halben Stunde fährt ein klappriger Lieferwagen vor. Wir trauen unseren Augen kaum. Heraussteigt John, der Mechaniker, der uns an jenem naßkalten Sonntagvormittag die neue Heizung eingebaut hatte. Er trägt denselben ölverschmierten Overall, an dem zwei Knöpfe fehlen, faßt mit seinen schwarzen Händen die Reling an und landet in elegantem Schwung an Deck. Mehr als ein „hello" ringt er sich nicht ab.

Nachdem ich ihm meinen Spruch über die Panne aufgesagt habe, rollen wir auch schon den Bodenteppich zur Seite. John hebt die Klappe hoch und verschwindet im Maschinenraum. Gründlich untersucht er den Motor und kann nichts feststellen. Dann machen wir die Klappe wieder zu. John steht nun an der Instrumententafel, betätigt den Starter. Welch ein Wunder! Die Maschine läuft — sonor und gleichmäßig wie immer. Der Mann erscheint mir wie ein Magier, von dessen Händen geheimnisvolle Kräfte ausgehen. Ein Wunderheiler für störrische Motoren. Wortlos wie er seine Arbeit erledigt hatte, verschwindet er auch wieder.

Zur Marina ist es nur ein kleines Stück flußauf. Da sind wir wieder nach einer Woche Abenteuer im Ausgangshafen gelandet. Wie neu, diesen unscheinbaren Platz in helles Licht getaucht zu sehen. Es ist mir noch so, als wäre es gestern gewesen, daß wir ausgelaufen waren, zitternd vor Kälte, unsicher, ob wir diese Reise durchstehen würden.

Bevor ich einen Liegeplatz suche, fahre ich bei der Tankstelle vor. 21 Gallonen Dieselöl fließen in den Tank, der 40 Gallonen faßt. Beim Durchpflügen der brauen Shannonwellen haben wir schon einiges durch den Auspuff gejagt. Hier kriegen wir auch den Tank vollgemacht, weil das der Heimathafen des Schiffes ist. So an die zehn Liter schluckt die Maschine pro Stunde. Das sind bei etwa 15 km/h Marschfahrt über 60 Liter für 100 Kilometer. Nun ja, bei umgerechnet 50 Pfennig je Liter kann man das gerade noch finanzieren. Immerhin wesentlich billiger als der Autosprit.

Randvoll gebunkert gleiten wir zur gegenüberliegenden Mauer, um dort anzulegen. Aus dem Nachbarboot schauen bekannte Gesichter heraus: Es sind die Belgier, die bereits das Ende ihrer Einwochentour erreicht haben. Wir rufen uns von Bord zu Bord Grüße zu. Ja, viel Regen hätten sie gehabt, erzählen sie, und kalt wäre es gewesen. Jetzt hätten sie es überstanden. Man freue sich nunmehr auf einen letzten feuchtfröhlichen Abend an Bord und wolle eine Flasche Whiskey im Supermarkt hundert Meter weiter kaufen. Vielleicht auch ein paar Flaschen Bier dazu.

Vorm Supermarkt in der Nähe treffe ich sie zehn Minuten später wieder. Sie irren herum, gehen im Kreis, orientierungslos. Enttäuschung steht auf ihren Gesichtern. Manchmal sind selbst in Irland die Sitten streng: Heute ist Karfreitag. Good Friday, der gute Freitag, an dem sich die Seelen ohne Weichmacher begnügen müssen. Jemand hat ihnen kleinlaut zugeflüstert: Heiligabend und Karfreitag sind die beiden einzigen Tage im Jahr, an denen man in ganz Irland keinen einzigen Tropfen Alkohol bekommt. Kein Bier, keinen Wein und Whiskey schon gar nicht. Ich denke daran, daß diese Leute uns am Abfahrtstag geholfen hatten, indem sie die Kinder aufnahmen. Ich schenke ihnen die halbe Flasche von dem Lebenswasser, meine Ersatzheizung. Die Mienen hellen sich auf. Der Abend scheint gerettet, wenn auch eine halbe Flasche für zwei Ehepaare nur ein Tropfen auf den heißen Stein ist.

Sie müssen morgen früh aufstehen, denn der Transferwagen nach Dublin fährt um fünf Uhr ab. Ein herzliches Dankeschön und gute Wünsche für den zweiten Teil unserer Reise. Kurzer und schmerzloser Abschied. Die Belgier verschwinden in der Kajüte. Ein Licht geht an. Schattenspiele hinter zugezogenen Vorhängen. Eine der

Frauen kocht jetzt das letzte Schiffsmenü fürs Captain dinner bei candle light. Morgen abend wird sie an ihrem Herd in Antwerpen stehen. Dann wird der Gerstensaft reichlich fließen, und man wird anfangen, die Tage als Flußschiffer in ein besseres Licht zu rücken. Negativerlebnisse werden schnell dahinwelken und man wird so lange schönfärben, bis nach Wochen der letzte Nachbar davon überzeugt ist, daß er solche Ferien noch nie erlebt hat.

Kurzzeitig hat sich eine Trauerstimmung über dem Fluß ausgebreitet. Fast kein Wind geht. Die Sonne hat sich hinter einer dünnen Wolke verkrochen. Isabel, Thomas und ich steigen in unser Ruderboot und machen eine Kahnpartie auf den Fluß, dessen Strömung hier träge genug ist, um nachher wieder dagegen anzurudern. Angler kehren in ihren kleinen Booten heim. Die Ruten ragen weit über die Bordwand hinaus. Ich möchte gerne wissen, ob sie was gefangen haben. Sie scheinen Experten zu sein. Ölzeug und Gerät sowie eine süffisante Miene verraten Erfolg.

Isabel versucht, gegen den Strom anzukämpfen, gibt aber nach zehn Metern auf. Thomas hält länger durch. Nach einer guten halben Stunde kehren wir in die Marina zurück. Maxim füttert vom Land aus die Schwäne mit Weißbrotresten von gestern. Die lassen es sich schmecken, obwohl sie die Brocken aus dem trüben, öligen Hafenwasser fischen müssen. Irische Jungen springen herum und hetzen ihren Hund ins Wasser, indem sie ihm ein Stück Holz rauswerfen. Das Tier, eine Mischung zwischen Foxterrier und Setter macht diesen

Sport bereitwillig mit. Hat er das Scheit gerade herausgeholt, stupst er den kleinen Rothaarigen an, was wohl soviel bedeuten soll wie: „Los, Junge, schmeiß rein! Ich hol' das Ding raus. Wirst sehen, es ist mir nicht zu kalt." Dabei wedelt er mit dem Schwanz.

Ich schaue mir das Spiel eine Weile an. Das bemerkt der Nachwuchsdresseur und wendet sich mir zu: „Hello, sir", zischt es zwischen des Zahnlücken hervor, „give me a pound and I'll show you, how Timmy gets it back out of the water! (Geben Sie mir ein Pfund und ich zeige Ihnen, wie Timmy das aus dem Wasser holt)" Dann fügt er großspurig hinzu: „If you give me two pounds, he'll cross the whole river. (Wenn Sie mir zwei Pfund geben, schwimmt er über den ganzen Fluß)" Ich winke ab. Ich will, daß das unbeschwerte Spiel der Kinder zweckfrei bleibt. In der Tat: Sie zeigen keine Enttäuschung und schicken ihren Timmy noch etliche Male zum Baden.

200 Meter von der Marina weg quillt die Straße vor den niedrigen Häuserzeilen über. Jetzt haben sich die letzten Fetzen vom Himmel verzogen und das Abendlicht zeichnet weiche Konturen. Keine Trauer liegt mehr über Asphalt und Rasen. Alle Kinder sind herausgekommen und genießen ihr Spiel. Regen, Wind und Kälte haben sie so lange daran gehindert. Bälle fliegen hin und her. Die Jugend läuft rum. Schwatzen, Schnattern, Gemurmel erfüllen die Luft. Zwei haben alte Tennisschläger in den Händen, deren Bespannung durchhängt und versuchen gezielte Bälle zu setzen. Einige ältere in schwarzen Monturen und Elvis-presley-artig nach hinten gekämm-

ten Haaren lehnen sich auf die Lenkstangen ihrer Motorräder und schüren sichtlich zufrieden den Neid und die Neugier der kleinen Burschen, die drumherumstehen und am liebsten gleich losbrausen würden.

Dreijährige huschen auf ihren Rädchen zwischen den Spielenden durch. Ein paar Erwachsene pflegen vor einem Hauseingang einen soliden Abendklatsch. Schauen weder links noch rechts. Ostern steht vor der Tür. Da gibt es eine Menge zu bereden. Der Frühling kündigt sich an. Die gelbe Flut der Forsythien sammelt sich hinter dem Damm restlicher Winterkälte, um sich bald über das Grau zu ergießen. Die Menschen müssen noch ein wenig Geduld haben. Wird ihr Osterspaziergang sie durch gelbe Gassen führen?

Wird es eine Erlösung auch von dem Joch der rauhen Winde sein? — Heute hat der Abendhimmel sein Pastellkleid angelegt. Sein rosa lichtblaues Streifenmuster kleidet ihn dezent. Im Norden schweben Kumuli. Freitag, der dreizehnte war kein Unglückstag. Ein Tag der Verheißung besserer Zeiten ohne Wettertrauer.

14. 4.: ATHLONE

Irgendwann in der Nacht geht es wieder los. Dicke Tropfen platschen auf das Kabinendach. Gestern Abend sah es so vielversprechend aus. Das irische Wetter gleicht einem unberechenbaren Magier. Innerhalb von Minuten narrt er einen und läßt einen alle Stimmungen zwischen Erstaunen und Enttäuschung durchmachen. Man weiß es: Gießt es aus Kannen, wird es bald wieder aufhören. Scheint eine freundliche Sonne, vergißt man die düsteren Wolken schnell. So wird man unter ständiger Spannung gehalten.

Heute früh hat der Wind auf Ost gedreht und wieder Feuchtigkeit und Regen gebracht. Im Boot ist es teuflisch kalt, bis die Heizung nach dem gewohnt langen Anlauf endlich ein wenig Wärme bringt. Draußen trieft und nieselt es. Kaum fünfzig Meter weit kann man sehen. Das wird ein schöner Tag werden. Fünf Personen hocken mürrisch in der engen Kabine, weil der Zauberer sie wieder reizt. Sie bleiben trotzdem zuversichtlich, weil er sich nach seinen Capricen wieder zurückziehen wird.

Nach zehn kommt ein Mechaniker an Bord. Diesmal ist es ein jüngerer Kerl mit Parka und langem blonden Haar. Die Motorklappe muß geöffnet werden. Maurice verschwindet unten und baut einen neuen Anlasser ein. Das alte Ding hat schon zweimal in entscheidenden Momenten gestreikt: Vor einigen Tagen in Banagher, als wir unser Dingi wiederholen und gestern, als wir die

Schleuse verlassen wollten. Während der sich über zwei Stunden hinziehenden Montagearbeiten diagnostiziert Maurice einen Defekt an der Lichtmaschine: Die Kontakte müssen ebenfalls ausgetauscht werden.

Was macht man den lieben langen Tag in dieser tristen Umgebung? Allein und verloren sitzt man in seinem schwimmenden Haus vor nassen Scheiben. Licht kann man mit Rücksicht auf die Batterien kaum brennen lassen. Nun ja, man muß eben Geduld haben. Schließlich hat man auf diese Weise einmal Gelegenheit, lange und tief über sich nachzudenken.

Draußen spielt sich absolut nichts ab. Die Boote, die nebeneinander vertäut liegen, schwanken ganz leicht. Wasserbahnen rinnen an den Rümpfen herunter. Weinen die, weil sie untätig da liegen müssen und keine Gäste über die fröhlichen Wellen von good old Shannon tragen dürfen?

Bis vier Uhr Nachmittag regnet es ununterbrochen. Ich muß mich korrigieren. Das irische Wetter wechselt nicht immer so schnell. Wie kriegt man die Zeit rum? Radio hören. Zeitung lesen.

Rita liest in einem Buch. Thomas löst Schachprobleme. Die Kinder spielen Quartett.

Zwischendurch gehe ich rüber ins Büro und rufe Mrs. Kelly in Dublin nochmal an. Die Selbstwahl klappt auf Anhieb. Athlone ist eine größere Stadt. Dank der von hier aus bestehenden Wählautomatik läßt der Poststreik gottseidank die Kommunikation über diesen Kanal bisher ungeschoren. Ich merke, daß sie über meinen Anruf nicht besonders erfreut ist. Sie klagt über starke Rheumabeschwerden und bedauert, daß wir uns während unseres Aufenthaltes in der Hauptstadt nicht sehen konnten. Kein Wort von einer Einladung. Im Stillen hatte ich damit gerechnet, daß sie sagen würde: ,,Kommen Sie doch mit Ihrer Familie ein paar Tage hierher." Dann könnten wir uns in einem behaglichen Heim etwas aufwärmen, von der Rauheit erholen.

Also, Freunde, keine Schwäche zeigen! Weiter durchhalten! Kneifen gilt nicht. ,,I wish you all the best and some more nice days on the Shannon. God bless you. (Ich wünsche Ihnen das Beste und noch schöne Tage auf dem Shannon. Gott segne Sie)" — Thank you, Mrs. Kelly. I was pleased to have talked to you and I wish you a good health. (Danke Ihnen, Frau Kelly. Es hat mich gefreut, mit Ihnen gesprochen zu haben, und ich wünsche Ihnen gute Gesundheit)". Ende der Durchsage. Ich verbeiße meine Enttäuschung und gehe gleich zum nahegelegenen Supermarkt, um die Ostereinkäufe zu erledigen: Tiefkühlfisch, Western Steaks, Nudeln, Erbsen, Brot, Milch, Schinken, Eier, Käse.

Der Mann hinter der Kasse bedient seine Kunden mit besonderer Freundlichkeit. Er strahlt trotz des düsteren Himmels und der kompakten Wolkendecke Fröhlichkeit und Zufriedenheit aus. Zwanglos sprechen wir miteinander. Er meint, Ostern wird es besser werden. Ich erzähle ihm ein wenig von unseren bisherigen Erlebnissen. Er hört gespannt zu. Dann will er wissen, woher wir kommen. Aha, Deutschland. Ein Lächeln huscht über seine Züge. Wie wohltuend, daß scharfe Einheimischenaugen nicht sofort den Deutschen erkennen, wie das in den südeuropäischen Touristenzentren bisweilen so ist. Die Leute betrachten hier den Fremden noch nicht als Objekt, das man möglichst schnell um Devisen erleichtern muß. Sie sehen in dem Besucher einen Gast, dem sie Neugier und Freundlichkeit entgegenbringen. Mißtrauen habe ich kein einziges Mal erlebt. Es ist gut, wenn man die Einheimischen so unverfälscht erleben kann.

Gegen Ende unseres small Talks animiert er mich, bei der örtlichen Lotterie ein Los zu zeichnen. Ich sollte nur 50 pence einzahlen und meine Adresse hinterlegen. Wenn ich was gewinne, schickt er mir das Geld. Er hat selbst vor einigen Tagen 10 Pfund einstreichen können. Na gut, ich willige ein. Er überschlägt sich schier vor Dankbarkeit und Freude darüber, daß ich seinem Wunsch entsprochen habe.

Das Sitzen in der Kajüte stinkt uns langsam. Also mache ich den Vorschlag, ins Städtchen zu gehen. Wir sind auf Erholungssuche hierhergekommen und müssen heute den Sauerstoffspiegel anreichern. Die anderen murren erst, aber schließlich sind alle nach gutem Zureden einverstanden. Die Karawane zieht zu Fuß los. Die beiden Kleinen sind nach wie vor weniger erbaut von dem langen Fußmarsch, der uns in der feuchten, unangenehmen Kälte bevorsteht. Hilft nichts, wir müssen was für die Gesundheit tun, uns mal bewegen. Außerdem kriegt man so einen Eindruck vom Alltag einer kleinen Stadt von knapp 10 000 Einwohnern.

Ath Luain (gesprochen: Alún) ist der offizielle Name dieser Stadt auf irisch. Das bedeutet: Furt von Luan. Die strategische Bedeutung der Shannonfurt veranlaßte 1641 die Connachtmänner den Viscount Ranelagh sechs Monate lang zu belagern. 1690 wurde Athlone erfolgreich von einem Gefolgsmann von Jakob II. gehalten. 1691 jedoch überrannte Godert van Ginkel, der Kommandeur des siegreichen Wilhelm III. nach einem Bombardement von zehn Tagen die Stadt. Die irische Armee wehrte sich unter ihrem General Ruth heldenmütig und verbissen. Zwecklos. Die Unterdrückungsmaschinerie von jenseits der Irischen See war wieder einmal stärker.

Zwei berühmte Männer sind in Athlone geboren: Patrick O'Connor, der Politiker und Journalist (1848 bis 1929) und der Sänger John Mac Cormack (1884 bis 1945). Viel hat die Beschießung der Briten an Altem nicht übrig gelassen: Teile der Stadtmauer, Ruinen einer Franziskanerabtei auf dem Ostufer des Shannon. Wie fast überall im Lande ist die Hauptkirche neueren Datums: St. Peter und Paul wurde erst 1937 fertiggestellt. Das wuchtige Gotteshaus entbehrt jedweder Stilrichtung, auch wenn für die Säulen Connemaramarmor verwendet wurde. — Über handtuchbreit Bürgersteige, vorbei an geduckten Spielzeughäusern nähern wir uns der Stadtmitte. Vereinzelt sind die Häuschen in verwaschenem rot oder mattgrün angepinselt. Von der Straße, den Trottoirs und dem niedrig hängenden Himmel zerfließt das Grau zu einem Brei, der alles überdeckt. Wir haben die Hände tief in die Taschen vergraben. Ich merke, wie mir ein dicker Tropfen unter der Nase klebt und mich kitzelt. Er wird schon runterfallen. Ich habe keine Lust, ihn abzuputzen.

Kurz vor dem Stadtzentrum schockiert mich ein überwuchertes Grundstück neben der Straße. Hinter einer 1 Meter hohen zerbröckelnden Mauer liegt ein alter Friedhof. Grabsteine lugen nur mit ihren Spitzen über kahles Buschwerk. Buchstaben sind verwischt. Die Totensteine könnten im nächsten Augenblick umkippen. So schräg stehen sie. Den morastigen Grund zieren Abfälle und allerlei Unrat: Coladosen, Papier, Plastikbeutel. Den Wohlstandsmüll müssen die Toten über sich dulden. Keine Spur von Grabpflege und Kult, Wege aus weißem Schotter und eine Friedhofsordnung für jeden lesbar am Eingang angeschlagen.

Die Toten leben längst in einer anderen Welt. Die Lebenden beneiden sie darum, weil sie es besser haben. Was soll also der Kult mit den Toten? Die Körper sind zu nichts geworden. Die Seelen sind an der Schwelle zum Paradies.

Weiter hinten der traurige Rest einer Kapelle. Steine, die den Kampf gegen die wilde Vegetation verloren haben. Das ganze Areal ein trister Platz von niemandem beachtet, verdreckt und zum Müllhaufen degradiert. Wo bleibt das Interesse an einer freundlichen Umwelt, die für die Toten eine würdige Umgebung wäre? Es verschwimmt mit dem nur langsam vermodernden Müll.

Auf den engen Straßen der Stadt tobt der vorfeiertägliche Einkaufsrummel. Zentimeter für Zentimeter schieben sich die Blechlawinen durch den Nieselregen. Vor den Auslagen drängen sich Passanten. Im Radiogeschäft flimmert ein Fernsehbild. Eine sonnige Landschaftstotale gaukelt Frühling vor. Es geht kein Wind, so daß sich die Auspuffgase so richtig zwischen den Häuserwänden komprimieren können. An einer Straßenverzweigung vor der Shannonbrücke hat die Fianna Fail, eine der großen Parteien, einen Lautsprecherwagen postiert. Fortwährend quäkt es aus den Trichtern: „Vote Fianna! Get more information tonight in our special meeting with your friend . . .! (Stimmen Sie für Fianna. Mehr Informationen auf unserer Veranstaltung heute Abend)“. Dazwischen fröhliche Folklorerhythmen mit Akkordeon- und Violinbegleitung. Ein eifriger Helfer geht mit der Sammelbüchse herum und hält reiche Ernte unter den trotz des miesen Wetters freigiebigen Einkäufern.

Wir betreten ein Geschäft. Es hat eine Menge Auswahl: Schreibwaren und allerlei Nützliches für den Haushalt, wie Reinigungsmittel, Besen, Kitschbilder mit Heiligen drauf, deren Blick verklärt in die Unendlichkeit reicht; dazu kommen Bücher, Bilderheftchen, Postkarten, billige Spielsachen, Zeitungen, Filme, Regenschirme, kurz, alles, was das Herz begehrt, kunterbunt durcheinandergestapelt und aufgehäuft. Es grenzt schon an ein kleines Wunder, daß die pauspäckige Verkäuferin die zwei Kartenspiele aus dem Wust herausfindet. Wir wollen in das Bordleben ein wenig Abwechslung bringen: Rommé versüßt die Stunden der Erholung und der wiedergewonnenen Zeit.

Nachdem wir die Hauptstraße einmal auf und ab gegangen sind, biegen wir wieder ab in die Straße, auf der wir schon hergekommen waren. Beim Vorbeigehen entdecke ich in einem winzigen Schaukasten eines Minifotoladens einige vergilbte Aufnahmen: Junge Kämpfer aus Stadt und Umgebung sind abgebildet. Teils von Waffen strotzend, teils ganz zivil aussehend. Allen steht unbeirrbarer Mut in den Gesichtern geschrieben. Sie sind alle Teilnehmer am Easter-Monday-Rising 1916 in Dublin, als sich der Zorn der jahrhundertelang geknechteten Nation explosionsartig entlud und der Unabhängigkeit den Weg ebnete. Heute haben sie längst die Selbstbestimmung, aber wie viele mußten, bevor die anderen die süßen Früchte des tollkühnen Kampfes schmecken konnten, ihr Leben den britischen Henkern hinwerfen. Soviel Todes- und Opfermut muß man heute noch bewundern. Diese jungen Kerle um die zwanzig verdienen späte Tränen, wenn neben dem Photo der lapidare Hinweis steht: „Er kämpfte in der Hauptpost tapfer für unser Vaterland. Er starb für Irland durch die Hand des britischen Henkers." Neben einem anderen Bild ist zu lesen: „Sean O'Donnovan, 18 Jahre, gefallen am Ostermontag 1916." Daß diese verblassten Dokumente heute noch dahängen, hat nichts Feierliches an sich. Aber es zeigt, daß die Geschichte lebt, daß das Zeitalter der Unterjochung seine tiefen Spuren in die Herzen der Unterjochten eingegraben hat. Wehmut und Klage wirken nach. Der grüne Rasen des Vergessens wächst erst langsam zu. Die Helden von damals leben fort. Auch in dieser schäbigen Glasvitrine, deren Holzrahmen schon morsch geworden ist.

Der Abend sinkt. Mit ihm rauschen weitere kalte Schleier hernieder. Es nieselt dicht, und bald sind wir bis auf die Haut durchnäßt. Wir gehen schneller, kehren dieser grauen Stadt den Rücken und kommen vom Regen in die Traufe. Das Innere unserer Behausung hat ganz die

Temperatur der unfreundlichen Umgebung angenommen. Ich muß heizen, um etwas Gemütlichkeit in dem kargen Raum zu schaffen.

Später stecke ich noch einmal den Kopf hinaus und versuche, mir ein Bild vom Wettergeschehen zu machen. Nur kurz signalisiert ein schwach-roter Streifen im Westen den Untergang der Sonne. ,,Abendrot schön Wetterbot'', heißt es in einem alten Sprichwort, das ich von meiner Großmutter her kenne. Ein Streifen Hoffnung auf lichtere Stunden verdünnt sich in das Dunkel. Morgen ist Ostern.

15. 4.: VON ATHLONE NACH TERMONBARRY

Es ist der hellste, aber auch der kälteste Morgen, den wir bisher erlebt haben. Mich schaudert's, als ich aufstehe und durch das Fenster blicke. Licht belebt das Land. Der Fluß dampft.

Schnell ziehe ich mir die Hose und zwei Pullover über, schlüpfe in den Anorak und öffne die Kabinentür. An Deck bemerke ich die ganze Herrlichkeit dieses Ostermorgens: Das Boot ist über und über von einer fingerdicken Eisschicht bedeckt. Auf den Wiesen neben der Marina hat der fliehende Winter heimlich das letzte Reiftuch ausgebreitet. „Doch die Sonne duldet kein Weißes!" bald verschwinden die glitzernden Spuren. Die wärmenden Strahlen gewinnen den Kampf gegen die Kälte. Himmel und Sonne haben eine Allianz geschlossen. Es bleibt auch im weiteren Verlauf des Tages schön.

Wie weggeblasen sind die Gedanken an eine vorzeitige Heimkehr. Fast eine Woche liegt noch vor uns. Jetzt wollen wir die Flußlandschaft in ihrem Frühlingskleid sehen. Bevor es losgeht, füllen wir im Supermarkt unsere Vorräte auf. Der redselige Kaufmann, der gestern meine Chancen in der örtlichen Lotterie so positiv beurteilte, empfängt uns schon wie alte Freunde. Er lacht und hat sein fröhlichstes Feiertagsgesicht aufgesetzt, obwohl er im Gegensatz zu seinen mitteleuropäischen Kollegen heute arbeiten muß. Keinerlei Ressentiments den Fremden gegenüber. Ein Schwätzchen wie unter Landsleuten. „Enjoy your trip! I am very pleased to have met you. You are lucky with the weather. God bless you! (Viel Spaß bei Ihrer Reise. Ich bin sehr froh, Sie getroffen zu haben. Sie haben Glück mit dem Wetter. Gott segne Sie)“. Das letztere sagt er so selbstverständlich. Von wem würden wir zu Hause einen solch frommen Wunsch hören? Aus dem Munde dieses einfachen Mannes klingt er überzeugend und alltäglich. Für die Iren ist der Umgang mit den Werten der Religion ungezwungen. Keiner kommt sich verlegen und verklemmt vor, wenn er so etwas sagt.

Es ist Zeit zum Start. Ehe es nach Norden geht, wollen wir noch die Ostermesse in Athlone besuchen. Der nächste Weg führt über den Fluß. Also, Kommando: „Leinen los! — Langsame Fahrt zurück! — Langsame Fahrt voraus! Ruder fünf Strich backbord!“ Die Fahrrinne ist erreicht. Gashebel nach vorne auf Marschfahrt. Die Glocken rufen schon herüber. Wir werden es zeitig genug schaffen.

Wer fährt schon am Sonntag zu Schiff in den Gottesdienst? Wieder ein neues Erlebnis. — Nach Unterqueren der Straßenbrücke ziehe ich eine Schleife und steuere behutsam die Ausbuchtung gleich unterhalb der Brücke an. Dieser Platz eignet sich hervorragend für unser Boot. Wir vertäuen es, schließen die Tür ab und springen in unserer unfeiertäglichen Schifferkluft an Land. Entlang der Brückenrampe führt ein knapp zweihundert Meter langer Weg bis zur Straße, auf deren gegenüberliegenden Seite sich die Kirche erhebt.

Wir kommen an einem Mann vorbei, der einen zerbeulten Hut lässig auf den Kopf gesetzt hat und einen zerknautschten und fleckigen Anzug trägt. Fällt keinem besonders auf. Er steckt sich gerade eine Zigarette an. Ich grüße ihn. Man hat sich das hier im Land der freundlichen und redebereiten Menschen so angewöhnt. Er grüßt zurück. Ich sehe in sein Gesicht und lese Arbeit und beginnendes Alter darin. Ob er in seinem Leben enttäuscht wurde, wenn er zu mir sagt: „Muß jeder selber wissen, ob er da (Er deutet zur Kirche hinüber) reingeht. Früher waren die Zeiten besser. Heute ist alles so anders."

Drüben sehe ich, daß die andere große Partei neben der Fianna Fail, die Fine Gael, genau in den Strom der Kirchgänger einen Spendentisch gestellt hat. Nächsten Sonntag wird die Wahl zum Dail (Gesprochen: Deul), dem irischen Parlament, stattfinden. Ich frage den Mann, welcher der Parteien er die größere Chance gibt. „I don't konw. I don't care. They do what they want and they don't ask us. (Ich weiß nicht. Ist mir auch egal. Sie tun doch, was sie wollen und fragen uns nicht)". Damit erschöpft sich unser Dialog am Ostermorgen kurz vor dem Betreten der Kirche. Der Mann nimmt einen tiefen Zug aus seiner Zigarette und blinzelt in die Sonne hinein. Den Beginn des Gottesdienstes läßt er verstreichen und bleibt sitzen.

Die Leute von der Finne Gael, ein junger Mann und eine ältere Frau haben heute früh bestimmt bereits die Frühmesse besucht, sonst würden sie nicht so seelenruhig dasitzen. Sie appellieren einfach durch ihre einladende Anwesenheit an die Spendenfreude ihrer Glaubensbrüder und — haben Erfolg. In dem Korb hat sich schon eine Menge Scheine angesammelt. Die Partei kann zufrieden sein.

Die Messe läuft ab, als ob gar kein besonderer Tag wäre. Kein donnerndes ,,Das Grab ist leer, der Held erwacht . . .'', wie es in manch einem Gotteshaus in unserem Land zur gleichen Zeit durchs Gewölbe hallt. Jeder Platz ist besetzt. Hinten stehen noch ein paar Sünder, die es dem Zöllner aus der Bibel gleichtun und sich nicht aus dem Halbdunkel nach vorne wagen. Die Leute tragen bescheidene Sonntagskleider. Wir fallen in unseren verknitterten Jeans nicht besonders auf.

Der Pfarrer drückt auf Tempo, er weiß ja, wie sehr die Gläubigen von der Heilsbotschaft überzeugt sind. Da bedarf es keiner unsinnigen Bemühungen. Die Gebete werden schnell absolviert. Die Predigt erschöpft sich im Verlesen eines Hirtenwortes zur nationalen Wallfahrt nach Knock, wo sich gerade viele Iren aufhalten und wo die irische Bischofskonferenz tagt. Eine halbe Stunde später ist die Messe vorbei. Lachend und schwatzend strömen die Menschen in den schönen Tag hinaus. Draußen verklingt Dudelsackmusik. Hinter der Brücke in Richtung Stadt sieht man, wie die letzte Reihe einer kilttragenden Musikkapelle um die Ecke verschwindet.

Auf der ,,Caitriona'' erwartet uns eine kleine Osterüberraschung. Rita war zuerst an Bord gegangen und ruft uns nach einigen Minuten rein. Auf dem Tisch stehen Schokoladeneier für jeden. Auf das heimatliche Eiersuchen verzichten wir gerne und freuen uns über die glitzernde Staniolfolie, in die Ersatzostereier eingepackt sind.

Ehe ich mich ans Ruder begebe, lehne ich mich weit über die Reling, um die Fahrrinne flußaufwärts zu kontrollieren. Alles klar. Noch niemand unterwegs. Wir können ablegen. Rita holt binnen Sekunden die Leinen ein. Der Diesel war ohne Probleme angesprungen. Jetzt geht's nordwärts. Eine Distanz von ungefähr 44 km steht uns heute bevor. Die Route führt über den Lough Ree in seiner ganzen Länge und ein ganzes Ende den Fluß weiter nach Norden. Unser Heimathafen zieht vorbei. Das Wetter ist nach wie vor gnädig. Der Punkt 101 der Sicherheitsbestimmungen kommt mir in den Sinn. Dort ist die Rede von hohen Wellen auf dem See, die sich sehr schnell bilden können und das Befahren der über zwanzig Kilometer langen und bis zu sieben Kilometer breiten Wasserfläche zu einem ungemütlichen Unternehmen machen kann. Von „Sturm am Anker abreiten" stand da auch was. Na, jedenfalls heute wird es nicht zu einem Geschaukel kommen. Land, Himmel und Wasser haben sich in allem Frieden zusammengetan. Man spürt, daß selbst bei der Listigkeit und Wankelmütigkeit des irischen Wetters heute nichts schiefgehen kann. Unsere Stimmung steigt. Nichts, was sie uns miesmachen könnte.

Drei Kilometer oberhalb von Athlone gleiten wir in den See, der sich erst allmählich zu seiner vollen Breite dehnt. Glatt liegt die Wasserfläche vor uns, und es ist ein erhebendes Gefühl, zum ersten Mal die Ufer bis zum Horizont entrücken zu sehen, also vom Flußschiffer zum

Seeschiffer zu werden. Freilich, auch der See hat seine Untiefen und Riffe. Eine genaue Befolgung des auf dem Shannonguide markierten Kurses ist dringend erforderlich. Schon mit bloßem Auge sind jeweils die nächsten beiden Bojen, die immer bis zu drei Kilometer voneinander entfernt liegen, gut erkennbar. Das sind nicht nur einfach nummerierte Navigationszeichen. Die haben auch Namen: Ormond Point. Slate Rock, Rindoon Point, Wood Shoal. Erst nach neun Bojen hat man den See durchquert.

Blau spiegelt sich der gazebehangene Himmel in den Fluten. Eine frische Brise weht aus Norden. Hinter der Kajüte kann man es sich im Lee bequem machen und die so lange entbehrte Sonne aufs matte Gesicht brennen lassen. Ich kann jetzt auch ruhig mal Thomas das Steuer überlassen und auf Deck den Fahrtwind schnuppern. Thomas macht seine Sache gut und bleibt auf Kurs.

Wie bin ich an den Gestaden des Mittelmeeres immer vor Neid erblaßt, wenn die Yachten in Küstennähe vorbeiglitten. Jetzt bin ich selber auf einem respektablen Boot und kann es kaum glauben. Man fühlt sich auf dem Wasser so frei. „Und meine Seele spannte . . .“ könnte man singen, wenn es nicht von Eichendorff wäre und sich nicht auf den tiefen deutschen Wald bezöge. Es gibt auch noch andere Töne, die zu dieser Szene passen: „Kleine, weiße Möwe, flieg nach . . .“ Ja, das geht, auch wenn diese Melodie für das Meer geschrieben ist und oft aus rauhen Seemannskehlen erklingt. Ich nehme mir die Unverfrorenheit heraus, und singe, denn ich fühle mich fast wie ein Seemann.

Das Schiff zerpflügt das glatte Wasser und zieht eine lange Schaumspur hinter sich her. Ab und zu begegnet uns ein anderes Boot und fährt in weitem Abstand an uns vorbei. Man winkt sich und ruft sich Grüße zu. Wildfremde Menschen empfinden es über 1 000 Kilometer entfernt von der Heimat als nichts Besonderes, die sonst gewohnte Anonymität und das Desinteresse an dem Anderen abzulegen. Die Shannonkameradschaft macht's möglich.

Einige bewaldete Inseln ziehen vorbei. Die Ufer erheben sich nur niedrig über die Kimm. Möwen begleiten unseren Weg. Die Kinder haben es sich auf dem Achterdeck bequem gemacht. Die Ufer rücken wieder mehr und mehr zusammen. Inchmacdermot ist die letzte der großen Bojen. Dann taucht im Hintergrund ein Schlot auf: Das Kraftwerk von Lanesborough. Ich nehme Fahrt weg. Langsam gleiten wir unter der Brücke durch und sehen direkt vor uns eine leere Anlegestelle, an die wir ohne weitere Wendemanöver herankönnen. Maschine aus. Mittagspause.

Ich setze mich auf den Betonpoller, der für die Yachten überdimensioniert ist, aber für mich einen bequemen Stuhl abgibt. Rita schießt ein Foto vom Käpt'n, der etwas schlaff nach getaner Arbeit die Arme auf den Oberschenkeln ruhen läßt. Auf dem gegenüberliegenden Ufer steht in einer Entfernung von ca. 50 Meter vom Fluß das mit Torf gefütterte Kraftwerk. Das Gebäude wirkt kantig und wie ein übergroßes Gebilde aus lauter Bauklötzen. Könnte von einem einfallsreichen Baumeister im zarten Kinderalter stammen. Der Himmel über dem

Schlot bleibt blau. Keine Rauchwolke, die die herrlich sanfte Luft stören würde. Drei, vier Bäume und einige Büsche, alle ohne Blätter, wachsen vor dem Energieblock. Aus der Trafostation ziehen sich die Stromkabel zu einem Wald von Hochspannungsmasten hoch. Ein kleiner Bach mündet unterhalb der Masten. Freilich kein natürlicher Wasserlauf. Vielmehr Kühlwasser, das den Fluß an dieser Stelle beträchtlich erwärmt. Der Umwelt oder besser gesagt, den Fischen tut das offenbar ganz gut. Ein paar Schritte vom Bach weg hat sich ein Angler postiert.

Wir schauen uns nochmal die Knoten an, denn die Strömung beschleunigt sich hier, da sich der Fluß zwischen den engen Bögen der Brücke durchzwängen muß. Alles in Ordnung. Wir spazieren über die Brückenrampe und vor uns liegt im gleißenden Mittagslicht eine saftiggrüne Uferlandschaft, die sich in geringer Neigung zum blinkenden Spiegel des Sees absenkt. Von den letzten Regenfällen hat sich der Rasen schwammartig vollgesaugt. Bei jedem Schritt sinkt man bis zum Oberleder ein. An einigen Stellen hat sich der Boden schon in Sumpf verwandelt. Eine Bank in der Nähe eines Spielplatzes lädt zum Sonnenbad ein. Es tut so gut, die kalten Glieder im Natursolarium aufzuheizen.

Die Kinder stürmen gleich auf die Geräte zu. Isabels Haare wirbeln herum, als sie auf der Schaukel immer höher schwingt. Maxim probiert währenddessen die Rutschbahn aus. Thomas hat sein Stativ aufgebaut und dreht eine paar Schleifen rundum und muß dabei auch ins Gegenlicht. „Frühlingsstimmung am See“ könnte man diese Szene umschreiben. Oder mit Schiller: „Es lächelt der See, er ladet zum . . ."

Zwei Steinwürfe vom Ufer aus ankert ein Kabinenkreuzer. Das Schiff ändert ständig seine Position, indem es sich der jeweiligen Windrichtung entsprechend um den Anker dreht. An Bord kann ich niemand erkennen. Es ist so still auf diesem Fleckchen Erde. Es klingt bald langweilig, aber immer wieder denke ich in solchen Augenblicken an Frieden. An solchen Orten erfühlt man, was Frieden sein muß. Nicht bloß das Gegenteil von Krieg, Elend, Zwang, Tod. Vielmehr Selbsterkennen in innerer Ruhe und sich besinnen auf die wenigen wirklichen wichtigen Dinge des Lebens. Wenn man so dasitzt, vergißt man leicht die Stunden. Man braucht nur eine Handvoll Gedanken, sonst nichts. Dazu gesellen sich die Eindrücke der Sinne. Die Augen stärken sich am vielen Grün, die Ohren nehmen dankbar den Ruf der Möwen, das unaufdringliche Blasen des Frühlingswindes und Kinderlachen auf, in die Nase strömt der frische Geruch des nahen Sees. Auf der Zunge sammelt sich saubere Luft, die man förmlich schmecken kann.

Ehe ich zurück an Bord gehe, fülle ich den Wassertank auf. Jetzt ist es so warm geworden, daß wir zum zweiten Mal auf unserer Reise das Verdeck öffnen können. Ein Aufatmen geht durch den Raum, wo sich wegen der dauernden Feuchtigkeit muffige Luft breitgemacht hatte. Unter freiem Himmel schmecken die Spaghetti Bolognese und das Guiness doppelt so gut, wenn man auch trotz der Sonne etwas schneller essen muß, denn die Teller haben noch so viel Kälte gespeichert. Ich stecke mir nach dem Essen eine Pfeife an, lasse mich auf dem Dach der Achterkabine nieder und lese in einem Buch. In der Zwischenzeit haben drei Boote hinter uns festgemacht. Unser Beispiel macht offenbar Schule.

Während ich meine Siesta genieße, werde ich plötzlich von Rockrhythmen, die sich schnell verstärken, aufgeschreckt. Ungewohnte Geräusche, die man am wenigsten in dieser stillen Ecke erwartet, zerstören brutal das eben zurechtgezimmerte Gleichgewicht. Man ist durch die Ruhe endlich für Augenblicke normal sensibilisiert. Die Sinne haben ihre erzwungene Stumpfheit verloren.

Wenig später tut das überlaute Gedudel weh, weil es mit der Gewalt von mindestens 50 Watt das Trommelfell traktiert. Unter dem Brückenbogen erscheint ein Boot, auf dessen Deck sich einige Burschen tummeln. Das Hemd haben sie ausgezogen, um einige Happen Bräune zu ergattern. Mitten auf dem Kabinendach dröhnt der Lautsprecher. Die Jünglinge wiegen sich ekstatisch im hämmernden Takt und merken nicht, wie sie mit ihrer Dutzendware, die bei uns aus Radio, Fernsehen und Diskotheken scheppert, die Idylle kaputt machen.

Schade, ich wäre gerne länger geblieben, aber die Jungs vertreiben uns mit ihrer Geräuschkulisse. Für sie besteht Freude aus Rock und ein wenig Abenteuer und . . . Egoismus. Vogelgezwitscher und Windhauch werden von der Elektronik erstickt. Nein Freunde, euer Gehämmere, euere bis zum Bersten angespannten Membranen könnt ihr anderen in die Ohren pusten. Ich kann gerne auf dieses Gestampfe verzichten.

Wir verlassen diesen vorher so friedvollen Ort, um unsere Fahrt nach Norden fortzusetzen. Der Fluß ist stellenweise recht schmal. Kaum, daß die Fahrrinne zehn Meter erreicht. Im Stillen hoffe ich, daß kein anderes Boot entgegenkommt.

Im Sonnenschein wirkt die Landschaft lieblich. Einladender als an den vergangenen Tagen, als die tiefhängenden Wolken aus den Wiesen ein graugrünes Mischmasch angerührt hatten. Schilfgürtel begleiten den Strom. Die Halme schimmern in dem flirrenden Licht golden. An diesem Stromabschnitt schieben sich sogar ab und zu Bauernhäuser nahe ans Wasser heran. Der Fluß wird von dem Land mehr einbezogen, bildet eher eine Einheit. Kahle Baumgruppen und Gesträuch ziehen vorbei. Ich suche, ob ich nicht doch irgendwo eine Blüte oder ein anderes Zeichen des Frühlings entdecke. „Der Frühling läßt sein blaues Band wieder schweifen durch die Lüfte, süße wohlbekannte Düfte streifen . . .“ Hier stimmt das Bild nicht. Wir werden in den verbleibenden Tagen das Erwachen der Natur leider verpassen.

Nach anderthalb Stunden erreichen wir die Schleuse von Termonbarry. Das Tor steht offen. Es lädt uns ein zum bisher schönsten Liegeplatz unserer Reise. Außer uns taucht kein weiteres Boot auf, so daß der Schleusenwärter das schwere Tor aus dicken Eichenbalken zuschieben kann. Das macht er so, daß er sich mit dem Rücken gegen den Balken stemmt, der mit der Oberseite des Tores verbunden ist und etliche Meter auf das Land ragt. Direktantrieb konnte man dieses technische Verfahren nennen. Diese Arbeit erfordert eine hohe Kraftanstrengung, und es dauert etliche Minuten, bis der Mann, Schrittchen für Schrittchen rückwärts schiebend das Tor geschlossen hat. Später erfahre ich von einem Iren eine Kuriosität über diese Schleuse: Während die Tore mit menschlicher Kraft bewegt werden, werden die Klappen in den Toren hydraulisch betätigt. Die Schalttafel befindet sich im Wärterhäuschen. An die schmiedeeiserne, knallrotgestrichene Getriebebox wird keine Kurbel mehr angesetzt. Heute beherbergt sie Apparaturen und Teile der Apparaturen.

Während wir langsam hochgehoben werden, strömen immer mehr Kinder an den Beckenrand. Sie lachen, schubsen, drängen und machen Faxen. Einige Erwachsene gesellen sich dazu. Die Fremden sind offenbar eine willkommene Attraktion auf dem Osterausflug. Man braucht sich nur am Rand der Schleuse hinzustellen und zu warten, bis wieder die nächsten von unten bis auf Augenhöhe hochgehoben werden. Andere Abwechslung haben die Leute in dieser verlassenen Gegend nicht und nehmen diesen Szenenwechsel dankbar an. Auf den Gesichtern der Rotschöpfe sprießen die Sommersprossen wie Pilze nach einem warmen Regen. Ein Vater, neben sich sein höchstens zwei Jahre altes Söhnchen, hat sich auf die Kante gesetzt und läßt die Beine herunterbaumeln. Ein junger Herr, vielleicht zwölf Jahre alt, trägt einen grauen Flannellanzug. Er zupft sich gerade die dunkle Krawatte zurecht. Ein Mädchen in rot-weißgestreiftem Pullover kniet auf dem Steinboden und lächelt uns an. Ein größeres Mädchen steht da, stützt sein Kinn auf die rechte Hand und läßt sein freundlichstes Willkommenslächeln in seinen Gesichtszügen spielen.

Auf ihrem langen hellblonden Haar tanzt das Sonnenlicht. Links von dieser bunt gewürfelten Empfangsgesellschaft stehen Papa und Mama mit zwei kleinen Jungen an der Hand.

Die Schar der Nachwuchsiren hat uns wohl als Ausländer erkannt. Einige von ihnen packen ein paar Brocken deutsch und französisch aus. Von hinten ruft ein Junge ,,Hitler''. Alle lachen laut auf. Das sollte besonders originell sein. Damit wollte der Bursche die Aufmerksamkeit auf sich lenken, ohne sich freilich der ganzen Tragweite seines Ausspruches gewiß zu sein. ,,Tu es fou, (Du bist verrückt)'' ruft mir ein anderer entgegen. Ich erwidere entsprechend in derselben Sprache. Dazwischen wechseln einige englische Wortfetzen hin und her. Der Mann, der am Schleusenrand sitzt, wundert sich. Er kann meine Herrkunft nicht lokalisieren und fragt mich, wo ich die Sprachkenntnisse erworben hätte. Ihm wären die Sprachen in der Schule immer so schwer gefallen und selbst heute noch würde er sie durcheinanderwerfen.

Oben angekommen können wir dem lustigen Völkchen in die Augen sehen. Der Schleusenmann drückt das Tor auf. Winke und Abschiedsgrüße wechseln zwischen Boot und Landratten hin und her. Nein, Irrtum, unsere Tagesreise ist heute so gut wie beendet. Wir verlassen die Wanne, in der wir von soviel Freundlichkeit überschüttet wurden und steuern auf den nur zweihundert Meter entfernten Anlegeplatz zu.

Dieser Platz ist der bisher schönste. Keinerlei Unrat liegt herum. Ein glattes, ca. drei Meter breites Betonrechteck schiebt sich vom Rasen ein Stück über das Wasser. Am

Rand des Betons stehen Bäume in Reih und Glied. Die sind freilich noch kahl. Seit vierzig Jahren kam der Frühling nicht so spät wie heuer. Letztes Jahr waren die Knospen schon am 15. März aufgesprungen.

Die Kinder können, ohne daß wir uns Sorgen machen müssen, von und an Bord springen und auf dem nahen Weg herumlaufen. Unsere Arche liegt ruhig und satt mit Kiel gegen den Strom und wiegt sich ein wenig in den schwach gegen die Bordwand schwappenden Wellen. Die orangefarbenen Nylonseile winden sich um die knallrot gestrichenen Poller. Kann nichts mehr passieren. Heute haben die Schiffersleute ihr Pensum geschafft. Entspannt lehne ich mich für eine Weile zurück, ehe ich zum Erkundungsgang aufbreche.

Auf dem Gasherd dampft der Kessel für einen belebenden Tee. Aus dem Radio kommen einige bessere Nachrichten: Die Dublin crane men haben ihre Arbeit wieder aufgenommen. Die Lage auf dem Petroleumschlachtfeld entspannt sich etwas. Durch Astskelette bahnen sich wärmende Strahlen ihren Weg und spiegeln sich auf den torfigen Fluten.

Ich blicke aus den Fenstern und sehe schräg hinter uns das Stauwehr, dessen gleichmäßiges Rauschen etwas ungemein Beruhigendes an sich hat. Den Himmel überziehen zarte, blaudurchtränkte Cirruswolken. Jenseits des Flusses gewahre ich auf der grünen Wiese vereinzelt Bauernhäuser. Dichtes Buschwerk säumt das gegenüberliegende Ufer. Vor uns spannt sich die alte gemauerte Bogenbrücke über den Shannon. Sie trägt die Straße zwischen Longford und Westport. Von dem Dorf lugen lediglich Dachfirste über das Astwerk heraus.

Nach dem Tee gehen wir zur Schleuse, wo sich die Leute noch tummeln oder ins Gras gesetzt haben, um den Feiertag zu genießen. Hinter der ,,Caitriona" haben zwei andere Cruiser festgemacht: Einer trägt sechs deutsche Angler aus dem Kohlenpott, die hier ihre fetten Jagdgründe erreicht haben. Einer bläst in ein zerbeultes Cornett irgendein mir unbekanntes Signal. Soll wohl heißen: Essen fertig, Jungs. Auf dem zweiten, eher eine Nußschale, entdecke ich zwei ältere Herren, die wir schon vor längerer Zeit überholt hatten. Ihre respektablen Bäuche haben sie nicht daran gehindert, mit den Widrigkeiten der Flußschiffahrt fertig zu werden. Ich rufe den beiden ,,Good evening" zu. Einer der beiden, der mit den weißen Haaren, antwortet ,,Bon soir". Also Franzosen. Sie wollen oder können es nicht auf englisch.

Der Schleusenwärter, ein selbstbewußter Mann in mittleren Jahren, der genausogut in einem Postamt oder beim Zoll seinen Dienst tun könnte, spricht mit mir, ohne daß es schüchterner Annäherungsversuche bedurft hätte. Er und seine Landsleute tragen keinen Laß-mich-in-Ruh-Panzer, den man erst knacken muß. Meine bisherigen Eindrücke bestätigen sich erneut.

Er zeigt hinüber auf den Gang, der über das Stauwerk führt. Da steht ein seltsamer Kauz in langem Lodenumhang, hohen Gummistiefeln und spitzem Hut mit schlappiger Krempe. Er hält einen langen Stock in beiden Händen, Marke Weidenholz, selbst zurechtgeschnitten. Das ist seine Angel. Kein blitzendes Gerät mit eingebautem Schutz gegen Leinenverwirrung und Kurbelmechanismus mit weich greifendem Übersetzungsgetriebe. Eine schlichte Rute. ,,Der kommt jedes Jahr hierher. Und wenn Sie sehen würden, was der fängt, würden Sie keine von diesen Superangeln mehr in die Hand nehmen.''

Ich frage, wie lange denn noch geschleust wird. Am Bank-holiday und an Sonntagen bis 17. 00 Uhr. ,,Aber'', entgegne ich, ,,es ist doch schon sechs.'' ,,Macht nichts'', winkt er ab. So genau kommt es nicht drauf an. Keine Maurer-Feierabendmentalität. Man besitzt in diesem glücklichen Land viel Zeit aber nur wenig Geld. Die Gleichung, Zeit ist Geld, die bei uns als ein Lebensgrundsatz ständig von wichtigen und unwichtigen Leuten zitiert wird, geht nicht auf. Sie muß modifiziert werden: Viel Zeit gleich weniger Geld gleich mehr Leben.

Wir schauen uns das Treiben an der Schleuse bis halb sieben an und spazieren auf dem gepflegten Weg zum Dorf. Dorf ist eigentlich schon zuviel gesagt: Links stehen sechs weißgetünchte Häuschen anderthalb Stockwerke hoch. Vor einem eine Tankstelle. Auf der rechten Seite fünf dreigeschossige Häuser gegeneinander zur Straße hin versetzt. Am Ortseingang haben fromme Hände eine Grotte aus klobigen Steinen aufgeschichtet. Eine künstliche Höhle öffnet sich den Passanten und beherbergt eine Madonnenfigur. Sie wacht über Termonbarry und hält die Sünde fern von diesem Ort. Auch die Fremden werden es nicht schaffen, sie zu überlisten. T-Barry am Shannonübergang bleibt sauber.

Der Ort zeigt Geschäftssinn: Etliche Pubs und Tante

Emma-Läden sorgen für Zerstreuung und das leibliche Wohl. Ehe wir in eine der Pinten eintreten, statten wir einem der Gemischtwarenhändler einen Besuch ab. Die Auswahl beschränkt sich auf ein paar Mehltüten, ein halbes Dutzend Ketchup-Flaschen mit rosa Inhalt drei Dosen Erbsen, ein paar Nudelpakete, vier Tomaten in einem Körbchen. Zwei Sardinendosen und etwas abgeschnittener Frühstücksspeck liegen auf der Theke. In der Ecke hinter dem Tresen stehen Fanta- und Colaflaschen auf dem Boden. Schnell haben wir die Lebensmittel, die wir brauchen, gewählt, und die dicke Frau, die etliche Minuten nach uns ins Geschäft schlürft, bedient uns lächelnd: Sardinen, Tomaten, Erbsen werden wir gleich verzehren. Ein rechtes Schiffermahl.

Im Pub ist es noch leer. Nebenan klacksen Billiardkugeln. Der Wirt zapft mir ein Stout. Die Kinder bekommen eine Tüte Chips und Limonade. Wir haben alle nebeneinander an der Bar Platz genommen. Eine Frau wischt den Fußboden. Es muß sauber sein, wenn später die vielen Gäste kommen. Man liegt ja nicht irgendwo, sondern einladend an der Durchgangsstraße Dublin-Longford-Westport. Da kehren die Ausflügler ein, die von Westen zurücktröpfeln. Stinkende Ausflüglerkolonnen und verstopfte Fahrbahnen sucht man vergebens. Das vorhandene Fernstraßennetz ist für das dünnbevölkerte Land erstaunlich dicht und im guten Zustand. Die drei Millionen Iren verteilen sich auf 70 000 qkm Fläche. Die paar Fremden, die zu Besuch kommen, bringen keine Massenprobleme.

Der Wirt ist ein redseliger Mann. Ich bemerke seine Freude, daß er schon so früh im Jahr Gäste aus der

Fremde bei sich hat. Er fragt mich, ob wir mit dem Boot unterwegs sind. „Ja, das ist wirklich eine feine Sache," bemerkt er. Er hätte es immer mal vorgehabt, aber von seiner Pinte wäre er niemals weggekommen. Seine Schwägerin wollte mal aushelfen, dann ist die aber krank geworden. Jetzt kennt er keinen mehr, der mal einspringen könnte. Macht nichts. Über mangelnde Abwechslung kann er sich kaum beklagen. Jeden Tag sieht er neue Gesichter. Jeden Tag gibt es immer wieder interessante Gespräche.

Der Raum beginnt sich zu füllen. Einheimische auf der Durchreise kehren auf eine Erfrischung ein und nehmen auf den bequemen Sitzecken vor den Wänden Platz. Die Männer treten an die Theke heran. Selbstbedienung. Drei Pints of Guiness stehen bald darauf parat. Für die Damen Campari und Martini. Er läßt kantige Eiswürfel in die Gläser fallen. Bezahlt wird gleich. So behält der Wirt die Übersicht, und die Leute brauchen der Bedienung nicht nachzulaufen. Das klappt ohne Störung und nutzt dem Durst.

„Ja," meint der Landlord, „die Leute trinken sich gern einen bei uns. Bei dem harten und launischen Klima braucht man immer eine zusätzliche Heizung und Aufbaustoffe. Tee ist schon ganz gut. Ohne Tee ging es uns schlecht, aber ohne unser extra Stout und den Whiskey wären wir nur halbe Menschen. Der Alkoholnachschub gehört ebenso zum Alltag wie die Frömmigkeit. Wußten Sie, daß Irland die meisten Trinker, aber auch die höchste Zahl an Priestern hat? Wir speisen halb Afrika und Südamerika mit Gottesmännern." Nanu, denke ich, das hast du schon mal gelesen: Ja, richtig. In Bölls „Irischem Tagebuch" stehen diese und andere Rekorde verzeichnet.

Ich könnte dem Wirt länger zuhören, aber nach dem belebenden Apéritif meldet sich der Magen. Wir schlendern zu unserem Boot. Die Fischer haben inzwischen wieder abgelegt. Die Nußschale der beiden Franzosen ist rundum verschlossen. Vor den Scheiben sind die Gardinen zugezogen. Kein Lichtstrahl dringt nach draußen. Die Herren schlummern schon. Ich strenge meine Ohren an, ob ich einen schnarchen höre. Es bleibt alles still. Nachdem wir gegessen haben, wird es neun Uhr. Die Sonne verschwindet. Es kühlt merklich ab. Der Abend klingt aus mit Lesen und Kartenspielen. Das monotone Rauschen des Wehres wird uns in den Schlaf wiegen.

16. 4.: VON TERMONBARRY NACH ROOSKY

Der Morgen ist wie geschaffen für eine Ruderpartie zwischen Brücke und Wehr. Thomas und Isabel sitzen mit im Dingi. Wenn man die Ruder nur kräfig durchzieht, verliert die Strömung ihre Schrecken. Thomas hält bestimmt fünf Minuten durch. Isabel gelingen einige Ruderschläge stromauf bis zum Brückenbogen. Dort mahlt der Strom kräftiger. Das Boot schiebt sich nur zentimeterweise weiter. Hinter der Brücke entdecken wir die zweite Anlegestelle, die bei weitem nicht so reizvoll ist wie die an der Schleuse.

Ein vor Müll überquellendes Gatter steht da vor der Bruchsteinwand. Das viereckige Gestell wird von einer schrägen Platte abgedeckt, in die zwei Klappen mit Scharnieren eingebaut sind. Eine davon wird von einem dicken Müllsack hochgedrückt. Daneben haben Skipper noch zwei Plastiktüten hingestellt. Als weiteres Dekorationsstück bemerke ich einen großen anthrazitfarbenen Müllsack. In blauer, klotziger Schrift ist die Aufforderung aufgedruckt: „K E E P IRELAND BEAUTIFUL". Darunter wirft ein blaues Männchen brav ein Papier in einen Abfallkorb. Leider sehen nur wenige dieses einprägsame Bild, sonst wären die Straßenränder und -gräben nicht so müllübersät.

Der Busch reicht am anderen Ufer ganz nahe ans Wasser. Im kahlen Geäst huschen Vögel und zwitschern zum Morgengruß. Das Gras auf dem Boden trägt sein braunes Winterkleid. Kein Lärmen, kein Verkehrsgetöse. Von der nahen Weide muht eine Kuh herüber. Hüpfendes Licht dringt durch die Äste. Im glatten Wasserspiegel dupliziert sich die Uferszenerie. Ein Bilderbuchmorgen. Wie haben wir uns während der ersten unwirtlichen Tage unserer Tour nach dieser Lieblichkeit gesehnt! Es hat sich gelohnt durchzuhalten.

Um 11. 00 Uhr sind wir startklar. Die nächste Station heißt Roosky. Unsere Freunde, die wir unterwegs zweimal getroffen haben, waren bis dorthin gekommen. Ich bin gespannt, wie es da aussieht.

In weiten Kehren windet sich der Fluß durch die sonnenüberflutete Landschaft. Nur wenige Bauernhäuser stehen am Fluß. Ab und zu schwimmt uns ein Kabinenkreuzer entgegen. Der Verkehr auf diesem Teil der Wasserstraße hat bisher an Dichte nicht zugenommen. Es ist soviel Platz für die tausend Boote, die auf dem Waterway zugelassen sind. Vor uns liegt Lough Forbes, einer der kleinen Shannonseen. Ausgedehnte Schilfgürtel engen trotz der an einigen Stellen über einen Kilometer breiten Wasserfläche die Fahrrinne ein. Zum ersten Mal säumt ein richtiger Wald das Ufer an steuerbord. Auch hier macht sich der Frühling noch rar. Man blickt auf eine Skelettwand graubrauner Hölzer, kann sich aber schon ganz gut vorstellen, wie das aussieht, wenn alle Knospen aufgesprungen sind, und ein frisches Grün die Düsterkeit des Seespiegels aufhellt.

Nach Lough Forbes quert eine Hochspannungsleitung den Fluß. Dann folgt ein fast zwei Kilometer langer Abschnitt, wo der Shannon den Rhein an Mächtigkeit übertrifft. Ohne Kurve fahren wir direkt auf die Schleuse zu. Das ist ein Augenblick höchster Konzentration, denn man sieht immer erst im letzten Moment, ob das Tor offen ist und, wenn nicht, wo man die Warteposition einnehmen kann. Das Boot muß immer festgemacht sein, und zwar mit zwei Seilen vorne und hinten. Ist genügend Wasserfläche vorhanden, kann man allenfalls Kreise ziehen, wenn einem das Festbinden zu umständlich ist. Etliche Boote liegen bereits an den dafür vorgesehenen Stellen.

Ich finde keinen freien Platz. Schon will der dicke Schweißtropfen auf die Stirn hinausperlen, da sehe ich, daß sich ein Skipper auf einem breiten Boot steuerbord voraus anbietet, die Seile entgegenzunehmen. Er winkt mir und ich steuere in Schleichfahrt drauf zu. Die Seile sind schnell verknotet. Bis wir in der Schleuse drankommen, brauchen wir mindestens noch eine halbe Stunde. Also Maschine stop. Ich gehe an Deck.

Außer dem hilfsbereiten Schiffer sehe ich noch eine Frau an Bord, die eifrig putzt. Ohne Zögern entwickelt sich zwischen mir und dem anderen ein Gespräch. Die Eheleute, unsere Halbstundennachbarn, sind Iren. Stolz berichtet er über sein Hausboot, das er weitgehend selbst gebaut hat und zeigt mir den Steuerstand. Das kann einen wirklich neidisch machen, was der da an Instrumenten und Hebeln eingebaut hat. Ich merke, wieviel Freude ihm das Erzählen macht.

Er kennt sich aus auf seinem Fluß, und ich höre gerne weiter zu: Der Shannon führt gerade etwa zwei Fuß Hochwasser. Aha, hab ich mir gleich gedacht, sooft ich die Zaunpfähle der Weiden nur ein Stück aus dem Wasser herausragen sah. Der Strom faßt alle reichlichen Niederschläge dieses Nässeparadieses und transportiert sie wieder zum Meer. Seine und die Kapazität der Seen sind unermeßlich. Landschaft und Wasser erfreuen sich noch eines ökologischen Gleichgewichtes.

Er erzählt weiter: Die bräunliche Färbung des Wassers bedeutet nicht, daß es schmutzig ist. Es transportiert vielmehr einen hohen Anteil an Erde und Moorbestandteilen. Keine Angst, auch die Abwässer, die von den tausend Booten direkt in den Fluß gelangen, tun ihm nicht weh. Man hat ausgerechnet, daß erst bei 200 000 Booten der Verschmutzungsgrad so hoch wäre, wie er jetzt schon in den Norfolk Broads, einem Fluß- und Seensystem im Nordosten Englands ist. Außerdem führt der Shannon immer reichlich Wasser und hat eine ziemlich starke Strömung. Also, die Natur bleibt intakt. Und man kann ohne Skrupel bleiben, wenn man die Handpumpe neben der Toilette einige Male als Ersatz für die nicht vorhandene Druckspülung betätigt.

Dreihundert Meter nach der Schleuse tauchen die Häuser des freundlichen Ortes Roosky auf. Für heute möchte ich die notwendigen Bunkeraktivitäten schnell hinter mich bringen und steuere die Tankstelle mit Wasserstation backbord an. Wir ziehen eine saubere Schleife quer über den Fluß und machen drüben vor dem Lager- und Werkstattschuppen fest. Das gelingt nicht so ganz ohne ein paar unsanfte Stöße gegen das bereits da liegende Schiff, denn der verbleibende Platz ist so eng, daß die „Caitriona" gerade hineinpaßt. Es ist der schon zur

Routine gewordene Streß. Wird schon nichts passiert sein. Ein Kratzer mehr oder weniger, was soll's.

Gemächlich schlendert der Tankwart heran. Offenbar haben wir ihn in seiner Mittagspause aufgeschreckt. Während der rote Dieselsaft in den Stutzen rinnt, fülle ich auf der anderen Seite Frischwasser nach und wundere mich, wieviel wir schon wieder verbraucht haben, ohne verschwenderisch mit der Dusche umgegangen zu sein. Die reine Luft und der Wind halten den Körper ohnehin sauber. — ,,O. K. five gallons. Sorry, that I can't give you more. We are still short of Diesel. (Es tut mir leid, daß ich Ihnen nicht mehr geben kann. Wir sind immer noch knapp an Dieselöl)''. Wie oft hatte ich diese bedauernden Worte in der Zwischenzeit schon gehört. Gottseidank sind wir bisher nie stecken geblieben.

Ostermontag. Über die malerische Bogenbrücke aus Stein strömt ein lebhafter Feiertagsverkehr: Motorradfahrer, Fahrradfahrer, Fußgänger und wenige Autos. Nirgends aber Ansätze von Stauungen oder Menschentrauben. Es verläuft sich. Die Luft bleibt sauber. Die paar Auspuffe schaffen keine Verschmutzung. Gegenüber der Tankstelle haben wir Position für den Nachmittag und die folgende Nacht bezogen. Auch diese Stelle kann sich sehen lassen. Es fehlt zwar die stille Schönheit von Termonbarry. Aber hier pulsiert ein bißchen mehr Leben.

Vom Deck kann ich auf die Häuser und Kneipen neben der Straße sehen. Zwischen zwei Pubs eine Bankfiliale. Leute stehen schwatzend herum. Vor einer der Pinten sitzen zwei ältere Männer und kühlen ihre Hände am

Bierglas. Ihre verknautschten Hüte haben sie auf den Hinterkopf geschoben, damit ihre Stirn etwas von den so lange vermißten Sonnenstrahlen mitkriegt. Auf den Schuhen Spuren von Erde. Vielleicht waren sie eben noch auf dem Feld, um nach der Saat zu sehen. Leisure time now. (Jetzt wird ausgespannt.) Sie schweigen. Ihre Köpfe bewegen sich synchron den vorbeifahrenden und -gehenden Leuten. Abwechslung. Frühlingstheater. Bewegung. Buntheit. Fremde und bekannte Gesichter.

Gleich nach dem Anlegen haben wir das Dach aufgeschoben, so daß Himmel, Luft und Licht herankönnen. Essen und Trinken unter einer wärmenden Haube sind ein besonderes Erlebnis. Gleich nach dem Essen spielen die Kinder weiter. In das Beiboot, aus dem Beiboot. Auf den Planken herumrennen. Schiffreinemachen. Piratenverfolgungsjagden. Ein echtes Vergnügen.

Weg mit dem Pullover. Laßt Sonne um mich sein! Vorbei sind Winter, Regen, Sturm und Kälte; unsichtbare Heizschlangen winden sich um unsere Körper. Die letzten Reste kalten Blutes verlieren sich. Ich habe mir die „Irish Press" genommen; es ist die Nummer vom Wochenende. Die Literaturseite hatte ich mir aufgehoben. Moderne irische Literatur: Gedichte von Martin Kieran, Tom O'Malley und Rory Brennan. Vier Fünftel der Seite sind ausgefüllt von der Kurzgeschichte: „Another Year", von Jim Lusby. Welch herrliche Umgebung, um in aller Ruhe und Sammlung zu lesen. Das Geschriebene paßt kaum in diese Harmonie. Das Gedicht „Real" (Taumel) von Kieran endet in einer hoffnungsvollen Zeile: „To secure a sense of the world" (Um der Welt einen

Sinn zu sichern). Ja, ich möchte einen Sinn in der Welt sehen. Ich will die Welt, die fremde und die bekannte in mich aufsaugen, mich daran festhalten, Neues sehen, hören, tasten, riechen und schmecken. Voll beladen mit den Früchten vieler Welten, kleiner und großer, möchte ich die mir am meisten vertraute messen und schätzen lernen. Deshalb fahre ich hierher.

Lusby führt mich mit seiner Kurzgeschichte in die Zeit um die Jahreswende. Der erste Schnee ist gefallen. Mr. and Miss Versey (Bruder und Schwester) hatten zum x-ten Male einen armen Geisteskranken zu sich eingeladen. Beide kümmern sich hingebungsvoll um ihn. Er nimmt all das, was um ihn herum geschieht, nicht wahr. Er lebt in seiner für die anderen unbekannten Welt. Am Schluß ist der Irre in den schlammigen Garten hinausgegangen, hat sich auf den Boden gesetzt und sich feuchte Erde auf die Kleidung gestreut. Miss Versey sucht nach Luke, kann ihn erst nach längerer Zeit aufstöbern. Sie nimmt seinen Kopf liebevoll in ihre Arme. Ihr Schützling weint in viele Taschentücher, die sie aus ihrem Ärmel hervorholt. Leute bleiben am Zaun stehen und starren auf diese unwirkliche Szene: Ein Mann, der auf dem Boden hockt und weint. Eine alte Frau, die ihn hingebungsvoll tröstet. Es bleibt dem Leser verborgen, wo dieser Luke herkommt und warum sich die beiden Leute so um ihn kümmern.

Eine Geschichte, gelesen auf dem Achterdeck unseres Schiffes. Wochenendliteratur der Zeitung für die Kulturinteressenten. Die Abenteuer in unserer Arche haben mir einen Rest Interesse für die Welt der Worte gelassen.

Isabel hat inzwischen auch Bekanntschaft mit dem Shannon gemacht. Stolz kommt sie zu mir, um mir ihren ,,Reinfall" zu schildern. Ich vermute, daß sie ein bißchen nachgeholfen hat, um Maxim ein wenig von seinem Ruhm zu klauen. Der Kleine hat ja schon vor einigen Tagen ein unfreiwilliges Bad genommen. ,,Beim Hin und Her auf dem Beiboot ist es passiert", sagt sie. Eine verängstigte Miene, wie der Kleine sie nach seinem Eintauchmanöver hatte, suchte ich in ihren Zügen vergebens. Na ja, wenigstens zwei von der Mannschaft, die über Badeerfahrungen erzählen können.

Fast sommerlich warm ist es in der Zwischenzeit geworden. Wir gehen in das Dorf. Die Straße zieht sich in weiten Kehren hindurch. Ich schätze, es sind beinahe anderthalb Kilometer. Gepflegte und ungepflegte Häuser wechseln einander ab. Abgeblätterter Putz, Zeichen der Gleichgültigkeit den Dingen gegenüber auf einigen Häuserwänden. Frisch gestrichene Wände und säuberlich angelegte Vorgärten auf anderen, zeugen von Optimismus und der Lebensbejahung der Bewohner. An einigen Stellen der schon so vertraut gewordene Müllhaufen. Abfälle haben eben nichts Abstoßendes. Plastik und Blech haben lange Zeit zum Verrotten.

Am Ende der Straße inmitten einer ausgedehnten Rasenfläche erhebt sich die Pfarrkirche des Ortes. Wie gewöhnlich besticht sie durch ihre grauen Steine und ihre Stillosigkeit. Lange Risse durchziehen das Mauerwerk. Innen haben sich die PVC-Platten des Fußbodens gelöst und gegeneinander verschoben. Die Wände haben eine graue Patina angesetzt. Durch die Glasfenster, die das letzte Jahrhundert nicht mehr kennen, dringt buntgeschecktes Licht. Heiligenmotive, die man in vielen irischen Häusern sehen kann, leuchten grell und kitschig von oben herunter. Hingebungsvolle Gesichter vor Frömmigkeit triefend sorgen für Pietät. Merken Sie etwas, lieber Leser? Ich mache mich lustig über diese Art von Sakralkunst und den Verfall. Eigentlich habe ich aber keinen Grund, diese Äußerlichkeiten in eine Wertung einzubeziehen. An anderer Stelle habe ich mich schon über die unkomplizierte Frömmigkeit der Iren geäußert. Ich möchte diese Feststellungen nicht abschwächen. Sie haben eben ein anderes Form- und Ordnungsempfinden als wir. Wann begreife ich endlich, daß unser Hang nach Sauberkeit und klarer Linie nur eine von vielen Möglichkeiten ist, sich in der Welt zurechtzufinden?

Jetzt gehen wir auf der anderen Straßenseite zurück. In manchen Vorgärten liegen Coladosen und Papierfetzen herum. Nicht mal die Hausbesitzer selbst heben den Dreck vom eigenen Grund auf. Nein, das gefällt mir trotz aller Worte der Entschuldigung nicht. Keiner will hygienische Sterilität. Aber ein wenig mehr könnten die schon auf eine saubere Umwelt achten.

Zum Glück leben zahlreiche Krähen und Möwen zwischen diesen Mauern. Ratten gesellen sich im Dunkel der Nacht dazu. Diese Müllbeseitigungskolonnen funktionieren. Alles, was in die Mägen der hungrigen Biester irgendwie reinpaßt, hauptsächlich verderbliche Abfälle, verschwindet darin. Übrig bleiben Plastik und Blech. Entsprechende Mutationen werden diese lebenden Müllschlucker sicher eines Tages in die Lage versetzen, auch mit solchem schwer verdaulichen Material fertig zu werden.

Krähen und Möwen sind überall und in regelrechten Geschwadern zu finden. Die Vögel sitzen auf den Häusern, auf Drähten, oft genug mitten auf der Straße. Ein einziges Gekreische kommt vom Dach der Fabrikhalle, wo sich hunderte von Möwen niedergelassen haben und durcheinanderquirlen. Was machen wir, wenn sich die alle auf uns stürzen? Ich denke an die schaurigen Szenen, die in Hitchcocks „Die Vögel" einem eine Gänsehaut den Rücken herunterlaufen ließen. Die filmische Phantasie bleibt im Irrealen. Die Vögel, die wir in diesen Massen sehen, sind von derlei übertierischen Kräften verschont geblieben, die ihnen Herr Hitchcock zuschreibt. Sie ignorieren uns Montagsnachmittagsspaziergänger. Wenn man die Augen schließt, meint man irgendwo an der Küste zu sein. Oder hoch oben über den senkrechten Felswänden der Cliffs of Moher im rauhen Westen Irlands vor sich hinzuträumen, wo sich Völker von Wasservögeln eingenistet haben und unaufhörlich zetern.

Gerade, als wir zu unserem Liegeplatz zurückkehren, dreht eine moderne Yacht mit schäumender Heckwelle vor der „Caitriona" bei. Lässig hocken sonnenhungrige Jünglinge und Nixen in Badekleidern an Deck, gegen das Kabinendach gelehnt. Echte Chemiebräune zeichnet Mittelmeeratmosphäre gegen das Himmelblau. Wo soll, frage ich mich, sonst so viel Farbe herkommen, wenn sich die Sonne so rar macht? Vielleicht haben sie Bronze

Illustre, Intensivqualität, aufgetragen. Wirkt innerhalb weniger Stunden! Kriegen Sie garantiert erst nach zwei Tagen ab! Sie werden unwiderstehlich! — Es fällt mir schwer, solche Sprüche für bare Münze zu nehmen. Mag sein, daß sie in Mitteleuropa viele Blicke auf sich ziehen.

Hier guckt keiner. Die Individualisten regieren. Die wollen in weiser Selbstbeschränkung und in Ruhe ihre Ferien verbringen: Dicke Fische fangen. Die Wasservögel beobachten. Die Bewährungsprobe als Steuermann bestehen. Abenteuer unversehrt erleben. Kameraden sein. Eine balsamige Ruhe genießen. Frische schnuppern und den letzten Rest Monoxid aus den Nüstern blasen. Eins werden mit einer weiten unverdorbenen Landschaft. Menschen kennenlernen, die einem als Freunde begegnen, ohne von den Spuren der Zivilisation verdorben zu sein. Selbstbesinnung auf den Planken üben, die für zwei Wochen eine kleine, überschaubare Welt bedeuten. —

Eine Kiste Bier wird von einem rotgelockten Sportsmann aus dem Inneren des Schiffes nach oben gehievt. „Jungs, jetzt machen wir 'ne dufte Decksfête", glaube ich ihn sagen zu hören. Aus der großen Kajüte tönen heiße Poprhythmen, zum Glück weniger laut als unter der Brücke von Lanesborough, als ich mich gerade einer Flußsiesta hingeben wollte. Neun Uhr ist vorbei. Die Sonne hat sich nach einem langen Tag heimlich und ohne Aufhebens verkrochen. Cirrusfäden und Schäfchenwolken färben sich zartrosa. Ein orangefarbenes Band spannt sich verglimmend über den allmählich dunkelnden Himmel. Wenn der Schein nicht trügt, werden wir morgen erneut einen schönen Tag haben. Mal sehen, was der Wetterbericht sagt: ,,Partly cloudy, but some sunny spells in most parts of the country. Little chance of rain. Mainly dry. (Teilweise wolkig, aber Aufheiterungen in den meisten Landesteilen. Geringe Niederschlagsneigung. Im wesentlichen trocken.)''

17. 4.: VON ROOSKY NACH CARRICK-ON-SHANNON; ZURÜCK NACH ROOSKY UND TERMONBARRY

Heute, einem Tag ohne leuchtende Sonne, haben wir uns die längste Etappe vorgenommen: 63 Kilometer auf dem Wasser und drei Schleusendurchfahrten. Gleich hinter Roosky fahren wir in einen weiteren See ein: Lough Bofin, der die Form einer Möwe mit ausgebreiteten Flügeln hat. Erst wenige Boote sind unterwegs. Der Bug zerschneidet brutal den glatten Spiegel und zerstört das Bild der vom nahen Ufer hineinprojizierten Bäume. Wie nützlich der Shannonguide ist. Die Route macht hier schon einige Bögen um Ecken herum. Verzweigungen sind zu beachten, die zu den äußersten Punkten der Schiffahrtsroute, in das Kilglass Lough und das Grange Lough, hineinführen. Die nehmen wir nicht. Weiter nach Norden heißt die Devise. Lough Boderg, ein Pferdekopf, dessen Schnauze nach Süden zeigt, nimmt uns auf. Vor mir, als ich in den See einfahre, liegt eine Boje. Die zeigt aber den Weg nach Südwesten. Der Kurs ist nicht eingeplant. Also, wo ist die richtige Boje? Durch das Fernglas — ja, wer ein richtiger Schipper ist, muß sich solcher nautischer Hilfsmittel bedienen, erkenne ich das nördliche Zeichen, das den korrekten Kurs zeigt. Zwei Kilometer weit ist die rote Boje weg. Ein CC-Schiff (Carrick Cruisers) zieht seine Bahn nach Südwesten. Wir bleiben allein auf Nordkurs. Schließlich durchkreuzen wir den dritten See des heutigen Tages, den kleinsten der drei: Lough Tap. Dieses Gewässer, vielleicht ein Quadratkilometer groß, gleicht mit seinem Umriß einer nach Osten weisenden Nase. Der Schilfgürtel ist hier besonders dicht. Ein Heranfahren an die Ufer wäre völlig unmöglich.

Hinter dem See geht es gleich in einer scharfen Linkskurve zur Albert Schleuse. Der Name erinnert an den Prinzgemahl der Königin Victoria. Irgendwo entdecke ich eine nahezu völlig verrostete Gußeisentafel, worauf schwach erkennbar der Name ,,Albert'' zu lesen ist. Um die Anlage herum breiten sich matte Rasenflächen aus, über die Hunde huschen. Neben den unteren Toren befindet sich eine kleine Anlegestelle, wo einige Boote festgemacht haben. Das ist alles, was auffällt. Dunstschleier tauchen Stein und Erde in das Grau, an dem wir uns längst sattgesehen haben. Es bietet keine Schattierungen. Immer dieselbe eintönige Mischung. Anders und in den Nuancen vielfältig wird es erst unter offenem Himmel. Dann legt sich das Tuch der Lieblichkeit über Land und Wasser.

Hinter der Schleuse beginnt der Jamestown Canal, ein drei Kilometer langer knapp fünfzehn Meter breiter grader Wasserweg mit nur einem Knick. Der ist haargenau dort, wo eine Straßenbrücke über den Kanal führt. Im Kanal muß man ganz langsames Tempo halten. Ich fahre ganz rechts. Im Gegensatz zum irischen Straßenverkehr nimmt man auf dem Wasser immer die rechte Seite. Nacktes, aber dichtstehendes Buschwerk hängt so weit auf das Wasser hinaus, daß man die Äste vom Boot aus greifen kann. Die Ufer sind ordentlich mit aufeinandergeschichteten Steinen befestigt. Da wenig Licht durch die Büsche dringt, glaube ich durch eine ölige Brühe zu gleiten. Freilich den entsprechenden Geruch vermißt man. Das Wasser ist schon in Ordnung.

Der Kanal schneidet eine nicht schiffbare Schleife des Flusses ab. Bei Jamestown geht's wieder auf den Shannon, der nunmehr wieder Stromausmaße erreicht. Ein paar Schleifen, Durchqueren eines vierten Sees und der Vorhafen von Carrick-on-Shannon, Rosebank Marina, liegt steuerbord vor uns.

Wir legen an, nach dem Motto, „lieber einmal zuviel als einmal zu wenig tanken", damit wir im Städtchen in Ruhe die Mittagszeit genießen können. An den Stegen sind genügend Lücken frei, so daß ich ohne Schweißtropfen den optimalen Liegeplatz anpeilen kann. Hier hat unsere Athlone Cruisers Ltd. einen Stützpunkt. Wäre schön, wenn ausgerechnet in der Nähe der Werkstatt etwas kaputt ginge. Ich will das Schicksal nicht herausfordern. Tanken ist jetzt wichtiger.

Wo steht der Tankwart? Ich kann niemand entdecken. Also muß ich mir einen suchen. Werkstatt und Büroräume einen Steinwurf oberhalb der Anlegestelle dämmern leer vor sich hin. Die Türen stehen offen. Papiere liegen verstreut auf den Schreibtischen herum. Mittagspause. Wer ist so unverfroren und bricht die Ruhe? Außer uns war kein Boot angekommen. Ich gehe um den Schuppen, in dem ein paar Boote aufgebockt sind und finde tatsächlich einen Mechaniker im Overall, dessen Pause offenbar vorbei ist und der an einem Wohnwagen herumhantiert.

Bereitwillig folgt er mir zur Tanksäule. Als er unsere „Caitriona" sieht, huscht ein Lächeln über seine markant geschnittenen Züge: O. K. You have a boat of Athlone Cruisers. (Gut. Sie haben ein Boot der Athlone Cruisers.) I'll top up (mach den Tank voll)." Das ist das erste Mal, außer im Heimathafen, daß wir den Tank bis zum Rand gefüllt kriegen. Wasser nehmen wir nicht mehr auf. Dazu bleibt in Carrick ausreichend Zeit. — Leinen los!

Beim Zurückmanövrieren, der Kahn ist nur noch eine Spuckweite vom Ufer entfernt, höre ich, wie die Schraube auf was Hartes geschlagen hat. Oh je, wenn jetzt die Schraube kaputtgegangen ist, und der Kahn muß ins Trockendock. Die drei Tage, die uns bleiben, müßten wir wahrscheinlich an Land verbringen. Und keine Ruine in der Nähe, die wir besichtigen könnten. Da muß sich unter Wasser ein Betonklotz befinden. Kein Hinweis! Keine Warnung!

Vorsichtig schiebe ich den Gashebel nach vorne. Die Stahlklammer um mein vibrierendes Nervenkostüm löst sich spürbar. Der Rumpf des Bootes schiebt sich vorwärts. Jetzt mehr Gas. Das Schiff nimmt normale Fahrt auf. Die Schraube wurde wohl nur angekratzt. Ich strenge mein technisches Gehör an: Nein, eindeutig. Ich kann keine Unwucht ausmachen. Das ist jedoch keine Versicherung bis „to the long journey's end. (bis zum Ende der langen Reise)". Bis zum Schluß muß ich fürchten, daß uns dieses neben dem Ruder wichtigste Utensil verloren geht. Wir haben noch ein ganzes Stück vor uns, bis uns die Marina von Athlone wieder empfangen kann.

Hoffentlich wohlbehalten. Werden wir Lough Ree (über 25 Kilometer lang) problemlos überqueren können? Alpträume, als Havarist im Sturm herumzuschaukeln, geistern in meiner Phantasie herum. — So, Schluß damit! Der Kasten liegt satt auf dem Strom, schiebt sauber die Wellen links und rechts von sich weg und reagiert auf die Bewegungen des Gashebels. Wird schon schief gehen.

1 300 U/min. Marschfahrt. Einige Minuten später hinter der Biegung spannt sich die letzte Steinbogenbrücke, die wir sehen werden. Wir kommen in Carrick-on-Shannon, dem Hauptort der Grafschaft Leitrim, mit 1 500 Einwohnern, an. Nach dem Blue Guide, Ausgabe 1962, war hier der nördlichste Punkt der Shannonschiffahrt. Heute geht's nochmal 19 Kilometer weiter nach Nordwesten bis Drum Bridge. Das sparen wir uns für das nächste Mal auf. Ein paar unbekannte Ufer müssen wir uns für zukünftige Entdeckungen lassen. Außerdem haben wir das Hetzen und Abspulen eines Programms verlernt. Immer mit der Ruhe!

Zwei Uhr ist vorbei. Wir sind keine Asketen. Also schnell etwas gebrutzelt und die Guiness-Flasche aus dem Eisschrank.

Der Shannon schrumpft hier auf Mittelweserformat. Die Stadt zwängt ihn ein. Drüben ziehen sich halbtote Parkanlagen am Ufer entlang. Eine blendendweiß gestrichene Bank steht mitten auf dem wintermatten Rasen. Die dichten Efeuranken, die die alten Baumriesen zu erdrücken scheinen, beleben durch ihr zeitloses Grün die schlafende Natur ein wenig. Ich hoffe, daß die Schmarotzer ihre Würgegriffe in Schranken halten. Hinter den

Parkanlagen eine Straße, auf der ein einziges Auto fährt. Darüber steigt das von Buschwerk bestandene Terrain an. Eine Häusersilhouette zeichnet sich in schwachen Konturen dahinter ab.

Ein Stück achtern liegen zwei größere Flußschiffe, ich vermute Tonnenleger, vor einem Lagerschuppen, dessen Rostflecken auf dem Wellblechdach schon fast eine zusammenhängende Fläche bilden. Zwei große Holztore, die einmal blau waren, haben ihre ursprüngliche Farbe, allerdings mit Bleicheffekt, Marke „Perennial“ angenommen. Zwei Fensterhöhlen darüber tragen zwar noch Kreuze, haben aber ihr Glas längst weggespuckt.

Die Stege machen einen gepflegten Eindruck. Etliche Liegeplätze sind leer. Im Sommer wird's hier sicher voller. Die Kinder laufen über die Bretterwege und kosten den freien Raum aus, den sie während der vielen Stunden um den kleinen Tisch herum in der Hauptkajüte vermissen mußten.

Jetzt hole ich den Schlauch, um frisches Naß nachzufüllen und tausche eine leere Gasflasche aus. Das Ding hat Gewicht. Man muß es über den schmalen Außengang schleppen und dabei aufpassen, daß man mit der anderen Hand einen sicheren Halt hat. Achtung Aufnahme. Die drei Nachwuchsschipper posieren vor dem Fluß. Der Käpt'n lehnt sich lässig gegen die Reling am Bug und saugt an der wohlverdienten Pfeife. So als wollte er damit demonstrieren: Bis hierher habe ich's geschafft. Ein gutes Stück Arbeit und Aufregung. Stunden der Bewährung. Abenteuer. Weg zu sich selbst. Vier Wochen Faulenzerurlaub am Mittelmeer, neckermannecht, können niemals ein solches Gefühl der Zufriedenheit vermitteln, wie man es in solchen Augenblicken verspürt. Ist es ein Widerspruch, daß man nach den vielen Widrigkeiten dieses Maß an innerer Ausgeglichenheit findet?

Wir müssen in den Ort, um unsere Lebensmittelvorräte aufzufüllen. Thomas braucht Filmmaterial. Carrick zeigt sich als ein belebtes Städtchen. Straße, Bürgersteig und die dreigeschossigen Häuserzeilen sehen ordentlich aus. Von den Fassaden leuchten neuaufgetragene Farben: ocker, dunkelbraun, grün. Eingangstüren, fast schon Toren gleich, mit Rundbögen, erinnern entfernt an den Merrion Square in Dublin, wo der Georgian Style am reinsten erhalten ist. Der Anstrich der Türen bildet einen geschmackvollen Kontrast zu den Fassaden. Im Gaiety Kino läuft gerade irgendein Hollywoodstreifen. Der Candy Store lockt die naschlustigen Besucher an. Davor das Nasenschild eines Pubs: Ein dickbauchiges Pintglas Guiness mit Henkel auf rotem Grund. Während ich das Transparent so betrachte, läuft mir das Wasser im Mund zusammen. Ich sehe den Karton und die sechs Half-Pint-Flaschen in meiner Hand und freue mich auf den nächsten Schluck.

Diesseits der Straße liegen zwei Metzgerläden. Wie üblich Sägespäne auf dem Boden (Hygiene?). Der eine hat sich auf Lamm und Rind, der andere auf Schwein spezialisiert. In den drei mal drei Meter Boxen zeigen sie nur eine Miniauswahl. Außer Fleischstücken und einigen halben Tieren, die an der Wand hängen, nichts weiter. Andere Produkte wie Wurst, Konserven und Eier, die die Metzger bei uns häufig anbieten, sucht man vergeblich.

Um halb vier machen wir uns auf den Rückweg. Heimreiseweh dämpft ein wenig meine Stimmung. Jetzt geht es Meile für Meile unerbittlich nach Athlone. Die Gewißheit: Bald sitzt du wieder im Flugzeug und wenige Stunden später auf deinem Bürostuhl, rumort in mir.

Ich verscheuche diese Gedanken und konzentriere mich auf die Navigationszeichen. In zügigem Tempo rauschen wir talwärts. Treu verfolgt uns das symmetrische Kielwellenmuster. Seine Enden schwappen im Takt über das Ufergras und versetzen es in leichte Schwingungen. Ein Schwanenpaar nimmt gemächlich paddelnd reißaus; seine Flügel läßt es zusammengeklappt. Zeit genug. Die wissen, daß sie nicht umgefahren werden.

Der Wolkenbehang verdichtet sich. Das Grau dunkelt. Es bleibt aber trocken und erträglich warm.

Thomas brennt darauf, das Ruder mal selbständig eine Weile zu übernehmen. Wir sind soeben in den „Pferdekopfsee" eingebogen und haben drei Kilometer gerade Strecke vor uns. In Ordnung. Ich setze mich aufs Achterdeck und lasse mir den Wind um die Nase wehen, der uns vor sich herfegt und mir ins Gesicht raunt: „Geht nach Hause! Ihr habt genug vom Herzen Irlands gesehen! Schnuppert noch ein paarmal und laßt meine Gestade hinter euch. Ich bleibe hier und werde den Nachkommenden die Haut gerben, wie ich sie euch gegerbt habe."

Entspannt lehne ich mich gegen die Kabinenwand. Ich genieße es, einfach so dazusitzen, die Verantwortung für Schiff und Besatzung für Augenblicke los zu sein; im beschaulichen Tempo Bäume und Sträucher vorbeiziehen zu sehen; einen Reiher oder einen Schwan zu beobachten und die klatschenden Flügelschläge zu hören, die neben dem monotonen, beinahe einschläfernden Tuckern des 70 PS-Perkins das einzige Geräusch sind.

Die Lider werden mir etwas schwer. Ich döse vor mich hin. Zufällig öffne ich nach Minuten mein linkes Auge einen winzigen Spalt, weil die Gedanken an das Boot mich nie ganz loslassen. Erschreckt springe ich auf und stolpere die drei Stufen hinunter in die Kabine. Der Bug unseres Kreuzers zielt genau in eine Bucht hinein. Das friedliche Ufer rückt schnell näher. Der Kurs ist völlig falsch! Thomas hat eine Bake backboard anstatt steuerbord passieren lassen. Halt! Gas wegnehmen! Leerlauf! Da drückt er sich schon raus, der Schweißtropfen. Immer wieder dieser Streß! Ich peile unsere Position. Kein Zweifel. Ganz da hinten schimmert es schwach rot. Das kann nur die verfehlte Boje sein. Die Gewässer haben ihre Tücken. Wir können von Glück reden, daß wir nicht schon irgendwo hilflos im seichten Grund stecken. Ich stelle den Gashebel behutsam auf vorwärts und hole den Kahn vorsichtig herum. Genau auf der Schaumspur geht's dorthin, wo wir hergekommen waren. Das rote Zeichen lassen wir hinter uns in der Kielwelle schwanken. Der Tropfen, mein Streßindikator, ist inzwischen ausgetrocknet.

Vor dem Albert Lock müssen wir warten. — Als die übliche halbe Stunde verstrichen ist, werde ich schließlich ein wenig ungeduldig und gehe die paar Schritte zum Wärterhäuschen hinüber. Das Schleusentor steht talwärts zu offen, aber kein Schiff ist in Sicht. Der Schleusenmann unterhält sich mit Bootsleuten, die ihrem Habitus nach Landsleute sein könnten: Zipfelmützen aus Wolle, gelbes Ölzeug. Sie lachen. Ich schaue in die Runde. Unterhalb der Schleuse liegen Boote. Die sind da wohl auf länger. Ein Hund mit hellbraunem Fell, ich tippe auf Basset-Dackel-Mischung, streicht zwischen den Männern herum.

Schließlich nähert sich ein Kabinenboot und fährt in die Schleuse. Ohne Hast schiebt der Schleusenmann den Eichenbalken zu. Die anderen helfen ihm dabei. Gemächlich hebt sich der Wasserspiegel im Bassin. Sesam — öffne Dich. Schiff heraus. Schiff hinein. Tor wieder zu.

Nach der harten Torschiebearbeit, an der sich die Wärter und zwei andere Männer beteiligten, gibt einer der gelben Helfer eine Runde Zigaretten aus. Ein anderer holt ein Feuerzeug heraus. Gerade als er es anknipsen will, fällt es ihm ins Schleusenwasser. Verdutzt schauen sich alle an, ehe sie eine lebhafte Diskussion darüber beginnen, wie sie das wertvolle Stück bergen könnten. Zehn Minuten vergehen tatenlos.

Der Warden verschwindet für eine Weile in seiner Bude und kommt mit einer Schnur in der Hand heraus. Am Ende der Kordel hat er einen Magneten festgeknotet. Nun kniet er neben dem Beckenrand nieder und läßt das Gerät in die Brühe eintauchen. Immer wieder hebt und senkt er die gespannte Schnur und wechselt ständig hin und her. Berührt die Suchsonde den Boden, wird die Leine schlaff.

Der spannende Moment ist da: Vorsichtig holt er sein Instrument ein und was klebt daran? Ein paar Eisenspäne. Jetzt versucht es einer der Zuschauer, die inzwischen ihre Zigaretten mit Streichhölzern angezündet haben. Auch der, der zuerst sein Glück versucht hatte, raucht jetzt.

Das Spiel des vergeblichen Auf und Ab der Schnur wird allmählich langweilig. Beide Schleusentore bleiben verschlossen. Die Leute warten geduldig und hoffen, daß der Unglücksrabe sein Feuerzeug findet. Mehr als zwanzig Minuten tasten die abwechselnd mit dem Magneten den Boden ab. Schleusenwirbel und -strömungen haben das Ding längst in eine andere Ecke geschoben. Fragt sich nur in welche. Schließlich geben sie auf. Den Verlust seines wertvollen Stückes muß er seiner Holden wohl oder übel beichten. Bestimmt hat sie ihm den Nobellighter aus dem Hause Dupont oder Cartier zu einem wichtigen Anlaß geschenkt. Für ein Einwegfeuerzeug zu 1,--DM, Marke „Diskont" hätten sich die kaum so eingesetzt.

Die Diskussionen sind nunmehr verstummt. Gemeinsam drücken sie das Tor auf, und wir tuckern langsam hinaus. Ein leichter Regen geht nieder. Was gestern noch die liebliche Frühlingslandschaft war, wandelt sich in herbstliche Szenerie. Feuchtigkeit benetzt die Nase. Kälte dringt durch die Ritzen. Ich muß über die Windschutzscheibe wischen. Termonbarry wirkt trist. Die Kulisse hat vom Sommernachtstraum zum Lear gewechselt. Hier werden wir die letzten beiden Nächte verbringen.

Das Wehr, das wie ein mächtiger Riegel den Strom

zähmt, rauscht vertraut. Die herabstürzenden Wassermassen sind der brodelnde Gegensatz zur träge sich auf die Mauer zuwälzenden Flut. Vergeblich halte ich Ausschau nach Spiegelbildern auf dem Fluß. Es bleibt heute tot. Eine vollkommene Stille senkt sich über uns und die beiden anderen Boote, die im Verlauf des Nachmittags nach uns hier festgemacht haben. Der Regen hat aufgehört. Schwarz dringt die Nacht durch die Scheiben.

18. 4.: TERMONBARRY

Trübe schiebt sich der Morgen über das kahle Land. Aus den Nachrichten hören wir optimistische Töne heraus: „Some sunny spells later on (später Aufheiterungen).“ Also Geduld; ich spüre es: Die letzten Stunden in Eire werden sich auf angenehme Weise verabschieden. Der Irlandfahrer weiß, wie flatterhaft und launisch das Wetter sich gebärdet. Mal lassen einen Kälteschauer beinahe erstarren, mal schwitzt man im Pullover, weil die Sonne vom Himmel brennt, mal peitschen Regenfronten auf das geduldige Land, mal streichelt eine frisch fächelnde Brise die Wasseroberfläche, daß sich Waschbrettmuster darauf zeichnen. Wir haben uns daran gewöhnt. Wir wissen, daß nach jedem Regen die Wolken schnell aufreißen.

Der rauhe Atlantik ist allgegenwärtig. Keine Gebirgsriegel halten den nimmermüden Strom von Wolken ab. Die Wetterköche reißen zwischendurch Löcher in die dunklen Dampfschichten, so als wollten sie sehen, ob die Menschlein da unten schon mürbe geworden sind von ihrem Spiel. Obendrein macht es ihnen Spaß, die Erdenbürger zu ärgern, wenn sie nach den oft knapp dosierten Sonnenintervallen die Vorhänge wieder zuziehen. Nehmt es ihnen nicht übel, Freunde!

Am Vormittag wollen wir uns die Stauanlage etwas genauer ansehen und überqueren die Brücke. Dahinter verlassen wir die Straße und klettern die Böschung hinunter zum Fluß, der von Grasflächen gesäumt wird. Ein Junge, ich schätze ihn auf vierzehn Jahre, wirft im Minutenakt seine Angel in das brodelnde Wasser. Ich zähle zwanzig Fische, die er neben sich übereinandergeworfen hat. Es sind Rotfedern, die noch zappeln. „Warum läßt du die lebendig und auf Raten krepieren", frage ich den emsigen Fischer. Der schüttelt den Kopf und bleibt mir die Antwort schuldig. Das Jagdfieber hat ihn gepackt. Er schleudert in hohem Bogen die Schnur und wieder holt er einen Fisch heraus.

Das Wasser donnert über die Staustufe. Es schäumt und zischt in den Katarakt. Weh dem, der da hineingerät. Das Element packt ihn und läßt ihn erst wieder an einer friedlichen Stelle frei. Dann ist das Leben von der Urgewalt gebrochen. Freilich einer Urgewalt, die der Mensch durch sein kunstvolles Bauwerk heraufbeschworen hat.

Letztes Jahr haben drei junge Deutsche versucht, erzählte mir ein Mann an der Schleuse, sich durch dieses Inferno zu stürzen. Sie dachten wohl, sie hätten hier ein harmloses Wildwasser. Ihre zerschmetterten Körper wurden vom Fluß weit hinter dem Wassersturz an Land gespült. Dort hat man sie mit zerbrochenen Knochen tot gefunden. Das Ende einer Reise. Abenteuer und Mißverständnis. Überheblichkeit und übertriebener Mut. — Zuhause hätten sie gern von ihren Heldentaten erzählt. Jetzt schweigen sie, wenn sie heimkommen.

Es fällt mir schwer, daran zu denken, daß diese Wasser so hart zugepackt haben, denn trotz aller Wildheit hat die Kulisse keine Schrecken: Wie der eifrige Fischer dasteht und seine reiche Ernte einbringt. Wie auf der Weide da drüben die Kühe ihr Glück, im Freien zu grasen, auskosten. Ja, auch auf der grünen Insel gibt es glückliche Kühe. Die Werbetexter sollten sich mal hier umsehen. Wie wäre es mit einem neuen Spruch: „Watch the cows on fertile grounds! Enjoy their steaks and cheese in pounds (Sieh da die Kühe auf fruchtbaren Auen, sie geben viel Käse und Steaks zum Verdauen)."

Komisch, warum übertrage ich die Werbewelt auf meine Eindrücke. Ich sollte solchen Ballast abwerfen und das Land, den Himmel und das Wasser so nehmen, wie sie hier sind! Ich muß so viel von dem Zauber der Landschaft speichern, wie ich kann. Von Minute zu Minute wird nach meiner Rückkehr das Erleben verblassen. Sprüche helfen mir dann auch nicht weiter.

Wir stapfen ein ganzes Stück über die Weide, die auf hunderte Meter von keinem Zaun unterbrochen wird. Am Ende unseres Kuhfladenslaloms steigen wir über eine Steinmauer und haben Mühe, auf den lockeren Brocken nicht das Gleichgewicht zu verlieren. Da erreichen wir die Landstraße, an der in großem Abstand voneinander Einzelhäuser stehen. Ganz gepflegt und von sorgfältig angelegten Vorgärten umgeben. Die Vorhänge sind zur Seite gezogen. Man kann einige Blicke riskieren. Die Hausfrau schafft gerade in der Küche und rührt eine Pie an. Dieses Haus könnte das eines Angestellten oder Beamten sein. Sein ganzer Stolz. Jedes Pflänzchen adrett. Unkrautfrei der Boden. Kein Wirtschaftsgebäude. Nur die Garage für den Morris. Auf dem Dach die Fernsehantenne. Telefis Eirean, das irische Fernsehen, bringt Leben in diese Einsamkeit.

Den ganzen Rückweg begegnen wir niemandem. Ein Lastwagen fährt vorbei. Ein Auto. Sonst Stille. Auch da hinten, wo die Baumgruppe einen Bauernhof vor dem kalten und störrischen Wind schützt. Sie stehen dicht, die stolzen Fichten und sind eine Zierde für das Anwesen. Ob der Besitzer des Viehs dort wohnt, um das wir eben noch die Kurven gemacht haben.

Der Boden gibt einiges her. Feuchte und Saftigkeit ergeben zartes Fleisch und sahnige Milch. ,,Enjoy your Kellog's with fresh Irish milk! You'll be fit for the day (Lassen Sie sich ihre Kellog's mit frischer irischer Milch gut schmecken. Sie sind fit für den ganzen Tag).'' Ist kein authentischer Werbespruch. Fiel mir nur so ein. Was von hier kommt, atmet einfach Frische und Natur. Der Slogan, den ich da gerade von mir gegeben habe, ist eher ein Bekenntnis als etwas Nachgeplappertes.

Auf der rechten Seite der Straße, umgekehrt wie bei uns wegen des Linksverkehrs, trotten wir im Gänsemarsch. It's no long way to Termonbarry (Es ist kein langer Weg nach Termonbarry). Den Straßengraben haben umweltbewußte Autofahrer mit Müll vollgepflastert. Ich stelle mir vor, wie Kartons, Papier und gefüllte Plastiktüten in hohem Bogen aus den Fenstern vorbeifahrender Autos rausgeflogen sind. Jetzt vergammeln die Konsumattribute recht und schlecht in rauher Witterung. Nächstes Jahr werden sie noch daliegen. Lediglich die Farbe wird etwas matter geworden sein. Im Sommer, wenn das Gras in hohen Büscheln den Chausserand säumt, werden diese Relikte verschwunden sein. Die Vorbeifahrenden werden die Feldblumen bewundern, wenn ihnen das Tempo nicht die Aufnahmefähigkeit raubt. Mein Blick ist beim Schlendern zu kritisch. Ich will keine Überbewertung des Straßenschmucks. Wann gehe ich bei uns so neben einer Straße. Sicher würde ich Ähnliches entdecken. Wir lassen unsere Umwelt auch nicht gerade ungeschoren. — Vergiß die paar Blechdosen! Was du gefunden hast an stillen Ufern, unter schützenden Himmeln und zwischen heiteren und herzlichen Menschen, das wiegt läßliche Umweltsünden mehr als auf.

Ehe wir an Bord zurückkehren, müssen wir bei Aunty Emma (Tante Emma) unsere Vorräte auffüllen. Der Spaziergang hat uns hungrig gemacht. Was gibt es heute? Wie wär's mit Ham and Eggs? Ganz frische, dicke Scheiben liegen unter der Glasglocke auf der Theke. Ein gutes Dutzend Eier sind ordentlich in die Schüssel vor dem hinteren Regal geschichtet. Tomaten, ein bißchen zerdrückt, vegetieren in der Steige auf dem Boden. Fanta und Apfelsaft stehen genug im Kasten. Guten Appetit, Freunde, das wird ein kräftiges Mahl. Die dicke Frau, die wie das letzte Mal hereingeschlürft kam, lächelt mütterlich, als sie mir das Wechselgeld rausgibt. Sie streicht Maxim durch seinen blonden Schopf. „God bless you", sagt sie zum Abschied, während wir beim Hinausgehen die Türglocke anschlagen.

In aller Ruhe machen wir das Essen. Die Kinder laufen draußen herum. Die anderen Boote sind längst weg. Nach dem Essen folgt ein fauler Nachmittag. Rita hat sich zur Siesta in der Bugkabine zusammengerollt. Thomas sitzt am Tisch und bringt seine Reiseaufzeichnungen à jour. Ich habe mir die gestrige Zeitung zur Hand genommen. Da ist ein Interview mit Ian Smith drin, das ich gerne lesen wollte. Smith klagt darin in leidenschaftlichen, an manchen Stellen schon stark resignierenden Worten alle seine Feinde an. Auch die im westlichen Lager, die ihn alle im Stich gelassen haben. Er hat gemerkt, daß seine Tour mit dem Bischof auf wenig Gegenliebe gestoßen ist. Jetzt versucht er das Unmögliche. Man merkt das beim Lesen dieser Zeilen. Er wird den Prozeß nicht aufhalten. Her Majesty's Gouvernment, diesmal die Tories, stehen nicht hinter ihm. Wie wird dieser Buschkrieg enden? Trotz Ferienstimmung beschäftigt mich das Schicksal der Menschen in diesem fernen Land.

Ich hoffe, daß die unsinnige Gewalt und das gegenseitige Verteufeln bald ein Ende haben werden.

Zwischendurch blicke ich über das Wasser zum Wehr hinüber. Ich traue meinen Augen nicht. Da hängt, schon halb abgesoffen, ein Boot vor den Eisenklappen des Stauwehres; „Himmel", schießt es mir durch den Kopf; „Da ist was passiert." Sofort stürze ich hinaus und renne auf das Wehr zu. Während ich näherkomme, sehe ich schon, wie zwei Männer Sachen bergen. Der Bootsführer ist noch an Bord, obwohl die Gefahr groß ist, daß das Schiffchen weiter absackt oder vielleicht sogar auseinanderbricht. Schwer zwängt sich die torfige Brühe in einem geschwungenen Wirbel mit ungestümer Gewalt um den Bug herum und sucht sich ihren Weg nach unten. Der Mann im blauen Anorak und den graulockigen Haaren sucht zusammen, was er noch fassen kann.

Man sieht's, auf dem Boot herrschte Männerwirtschaft.

Die Havarie muß ganz schnell hereingebrochen sein. Das Zeug, das er zu Tage befördert, liegt wie Kraut und Rüben durcheinander: Einzelne Schuhe, Kleidungsstücke, Kinderspielsachen, Angelzeug, Koffer, Reisetaschen, Plastiktüten. Wir nehmen ihm die Klamotten ab und stapeln alles auf dem Steg, der über die eisernen Klappen führt. Bisweilen knackt es im Bootskörper, der einem immensen Druck ausgesetzt ist. Das Heck sackt immer tiefer. Treibstoff vermischt sich mit Wasser. Ölschlieren rasen mit in die Tiefe. Zoll für Zoll säuft der Kahn ab. Was wird weiter passieren? Ich befürchte, daß der Rumpf zerbirst.

Der andere Mann, der mitgeholfen hat, die Habseligkeiten zu bergen, erzählt mir, wie das Unglück passiert ist: Kurz vor dem Wehr setzte der Motor aus. Ausgerechnet an der Stelle, wo sich die Strömung beschleunigt und es kein Halten mehr gibt, wo der Mahlstrom alles nur in eine Richtung zwingt. Der Skipper hat den Anker noch ausgeworfen, um das Schlimmste zu verhindern. Der hat Halt gefunden. So knapp, daß der Havarist haargenau am Pfeiler kleben blieb. Die Leine ist zum Reißen gespannt und verhindert damit ein Schlingern des Rumpfes oder gar die Zerstörung zwischen zwei Pfeilern.

Später höre ich den Mieter des verunglückten Bootes schimpfen, daß er schon die ganze Woche Schwierigkeiten hatte. Der Motor war ständig überhitzt, und er hatte auch schon etliche Aussetzer. „I don't mind the fucking boat. Come on, let she be broken (Das verdammte Boot. Soll ruhig auseinanderbrechen)“, sagt er seinem Sohn, als er ins Auto der Freunde steigt und diesen ungastlichen Ort verläßt.

Das Beiboot war durch den Stoß gegen das Wehr zersplittert. Sein abgetrenntes Vorderteil hängt noch fest am Seil und wirbelt im quirlenden, geifenden und tosenden Strom. ,,Dam' boat", flucht der Pechvogel vor sich hin und wühlt in dem Haufen der geborgenen Sachen nach trockenen Schuhen für die beiden Kinder, die mit an Bord waren, als das Unglück geschah. Semantha, neun Jahre und Peter, 12 Jahre. Die hocken jetzt im Schleusenhäuschen. Ich gehe dorthin und treffe beide ganz verstört und unter dem Eindruck des eben erst erlittenen Schocks an. Sie weinen, und es dauert lange, bis sie mir auf meine oft gestellte Frage antworten, ob sie auf unser Boot kommen wollen. Daddy steht neben mir und hört mein Angebot. Ja, wenn die Kleinen wollen, sollen sie ruhig mitgehen. Er muß sich nun um die Formalitäten kümmern. Daddy redet den Kindern gut zu und ist froh, daß ihm diese Sorge abgenommen wird. Er behandelt die Kinder sehr liebevoll. Kein Wunder, denn eine Mammi ist weit und breit nicht zu sehen. Zögernd willigt schließlich auch Semantha ein, die noch mehr unter dem Schock als ihr Bruder Peter steht, und bald sitzen wir um unseren Tisch an Bord der ,,Caitriona".

Rita braut eine heiße Suppe: Oxtail ohne Tail, da aus der Tüte. Dämpfe steigen von der Kombüse herauf. Das gibt eine gemütliche Atmosphäre. Ich dolmetsche eine zaghaft einsetzende Unterhaltung zwischen unseren und den fremden Kindern. Semantha bleibt mißtrauisch, während Peter genußvoll seine Suppe auslöffelt. Das Mädchen knabbert an einem Keks.

Sie stammen aus Lancaster und haben dort ein schönes

Haus, einen Garten und viele Freunde. Irland gefällt ihnen einigermaßen. Auf den Fluß zurück wollen sie allerdings nicht. Am liebsten nach Hause, um die letzten Ferientage spielen zu können und schwimmen zu gehen. Peter ist schon ein richtiger Engländer. Die Haare sind buschig und gelockt. Seine Sprache klingt leicht näselnd vornehm. Er spricht kaum Akzent und strahlt schon ein gerüttelt Maß an Selbstbewußtsein aus. Er hat die Situation schnell gemeistert und geht auf Thomas' Wunsch ein, eine Partie Schach zu spielen.

Daddy ist auf dem Weg in Richtung Dorf verschwunden. Er muß eine Menge Dinge erledigen: Polizei, Bootsvermieter und Freunde verständigen. Das wird über eine Stunde dauern, da ja der nach wie vor intakte Poststreik alle Kommunikationsversuche ungemein erschwert. Erst muß er sich eine Bestätigung der Polizei darüber geben lassen, daß ein Notfall vorliegt. D. h. die Polizei muß diese dann an den Telefon-Operator, der Notdienst an der Strippe hat, durchgeben. Der macht zu allem Überfluß Dienst nach Vorschrift und läßt sich beim Herstellen der Verbindung viel Zeit.

Über anderthalb Stunden verbringt er im Dorf. Dann kehrt er im Auto mit den hergebeteten Freunden zurück und fährt vor bis zum Schleusenhäuschen, wo er und seine Freunde die Sachen einladen. Bald danach bricht die Gesellschaft auf. Shannon ade. Wir weinen dir keine Träne nach. Auf nach Hause.

Kaffeezeit. Mangels eines Filters muß Instantbrühe genügen. Immerhin coffeinhaltig und belebend. Auf diesen Schreck — hätte uns genauso passieren können, daß uns der Perkins in so einem entscheidenden Moment im Stich gelassen hätte — brauchen wir dringend einen Kreislaufstabilisator mit Aufbaueffekt. Trostlos sieht er aus der einst so schmucke Kabinenkreuzer, wie er da drüben immer weiter absäuft. Gebrochen ist er allerdings bisher nicht. Spricht für die Qualität des Baumaterials. Wenn der Motor auch nichts taugte, der Rumpf macht das wieder wett. Über dem abgesoffenen Bootskörper lese ich in deutlicher Schrift auf einem Schild den gutgemeinten Spruch: ,,Beware of sluices" (Vorsicht an den Klappen! Bleiben Sie da weg!). Was nützt's?

Um drei Uhr trifft die Bergungsmannschaft aus Carrick-on-Shannon ein. Ein bunt zusammengewürfelter Haufen. Ein lachender Rotschopf, jung und unkompliziert, ein älterer Mann mit Pullover und grünen Gummistiefeln — halbe Glatze mit seitlich abstehenden Haarbüscheln — ein Dicker, behäbiger mit blauer Monteurjacke und ein paar andere Männer in Overalls. Ein Teil von ihnen ist in einem Minor-Pritschenwagen angerappelt, der bei unserem TÜV sofort das Schrottplatzzertifikat zugeteilt bekäme: Blanke Reifen, die Tür statt durch ein Schloß von einem Draht zugehalten. Kotflügel und Seitenteile über die ganze Länge von Rost zerfressen.

Ich ertappe mich wieder beim Vergleichen. — So ist das bei uns. Viel besser als hier. — Den Dicken, der den Wagen hergefahren hat, stört das weniger. Schnurzpiepegal, wieviel Rost an dem Vehikel nagt. Hauptsache, die Kiste fährt. Und wenn sie einmal nicht mehr will, wird sie erneut notdürftig zusammengeflickt.

Die ganze Zeit warte ich auf einen Schlepper oder einen

Bergungspanzer der irischen Armee. Die haben schließlich eine Armee und sicher auch solche Geräte. Weit gefehlt. Das geht viel einfacher. Die Männer brauchen, um den Kahn wieder flott zu machen, nur eine lange Kette, zwei Drahtseile, eine Winde, die mit Handgriff hin und herbewegt wird und viel Improvisationstalent. ,,We Irishmen make everything, (Wir Iren machen alles)'' ruft mir der Rotschopf entgegen, als ich ihn frage, wie er und die Männer das Boot wieder flott kriegen wollen.

Jemand aus dem Trupp raunt mir zu: ,,Das da drüben, ist der Chef.'' Auf dem Wrack sehe ich einen rumturnen. Tatsächlich, durch das Fernglas erkenne ich die grünen Gummistiefel und die Glatze zwischen den beiden Haarbüscheln. Über ihm, lässig gegen das Geländer gelehnt, schauen zwei Männer auf ihn hinunter. Der eine hält das Sicherungsseil schlaff in der Hand, das dem mutigen Mann um den Bauch gebunden ist. Über eine halbe Stunde hat der zu tun. Dann läuft durch die beiden Löcher in den Bugwänden, die für solche Bergungsarbeiten vorgesehen sind, eine Kette. Später werden beide Enden verbunden und daran die Kette befestigt, die sich quer über den Fluß aufs andere Ufer zu der dort befestigten Winde spannt.

So einfallsreich müßte man sein. Wenn man die emsigen Jungs beobachtet, könnte man meinen, die holen jetzt all das nach, was sie bei der Wartung des Bootes übersehen haben. Mitten auf dem Uferweg liegt die Winde. Gehalten wird das Gerät von einem Drahtseil, das um zwei Weiden jenseits des Weges herumgelegt wurde. Die beiden Bäume erweisen sich als stark genug. Zwei Mann bewegen die 1, 50 Meter lange Eisenstange der Winde im schnellen Takt. Der eine umfaßt das Eisen mit der linken Hand, der andere mit der rechten. Sie stehen sich wie zwei zum Langstreckenstart gebückte Läufer gegenüber und reißen Witze. Die nehmen das Ganze wie einen Spaß. Soviel Emsigkeit habe ich kaum woanders gesehen. „We Irishmen make everything!" Der Spruch ist wahr. Und was sie alles hier fertigbringen, geschieht in fröhlicher Stimmung. Wie ein Haufen lachender und bienenfleißiger Heinzelmännchen laufen sie herum, ziehen, schrauben, hebeln, bücken sich und gönnen sich erst am späten Abend, als es schon fast dunkel ist, die erste Teepause. Ich habe nur einige Male Leute so froh schwere Arbeit machen sehen.

Wenn 15 Meter Drahtseil durch die Winde geächzt sind, ziehen sie es wieder nach vorne durch und machen die Kette zum Boot wieder daran fest. Das wiederholt sich unzählige Male. Zentimeter für Zentimeter ruckt das abgesoffene Wrack der Flußmitte entgegen. Kabinenboote dürfen jetzt nicht mehr fahren. Die würden in die Kette sausen und blieben stecken. Ich sehe die ganze Zeit während der Arbeiten weit und breit kein Boot. Die Nacht hat sich schon über das Wasser gesenkt, als sie die Winde verlegen.

Neben der Schleuse liegt nun das Wunderding mit den unheimlichen Kräften. Die Absicht, die hinter diesem neuen Manöver steht, wird mir schnell klar: Rechts von der Schleuse sprießt viel Schilf. Dort muß die Wassertiefe geringer sein. Wenn die das Beinahe-Submarine da hinbringen, ist es gerettet. In der Tat hat nie einer der Männer Zweifel darüber geäußert, daß irgendetwas nicht klappen könnte. Das havarierte Boot muß schließlich wieder aufgemöbelt werden. Sparsamkeit ist in einem armen Land ein wichtiges Gebot.

Mir tut der nichtsahnende Tourist leid, der voller Stolz zum ersten Mal in seinem Leben das Ruder dieses wieder aufgemöbelten Kabinenkreuzers mit seinen Händen umklammert und sehr bald anfängt zu zittern, wenn der Motor streikt. Ich wünsche dem Neuschiffer von Herzen, daß das etliche Kilometer entfernt von der nächsten Staustufe passiert.

Um 22. 15 Uhr liegt das breite Semi-U-Boot auf der Sandbank abholbereit. Die wackeren Mannen haben sich nach Hause abgesetzt. Der Tag war hart. Das Werk ist vollbracht. Jetzt kann das Guiness fließen. Tee tut's nicht mehr.

Das war ein Beispiel dafür, was mit diesen schmucken Schiffchen alles geschehen kann und wieviel der technische Standard und die Instandhaltung dieser Binnenflotte zu wünschen übrig lassen. Während des Einschlafens verblassen mir diese Gedanken. Ein bißchen Zufriedenheit über die bestandenen Belastungen auf dem Fluß, der voller Tücken steckt, wiegt mich in einen ruhigen Schlaf. Liest sich so leicht, was da in den Katalogen steht. — Gute Nacht.

19. 4.: VON TERMONBARRY NACH ATHLONE

Der letzte Tag an Bord wird kein Bilderbuchtag. Er bricht trübe an. Kein Sonnenstrahl verkündet: Das ist der Höhepunkt eurer Reise. Seht das Licht! Seht, wie es die Landschaft veredelt, damit ihr die schönsten Erinnerungen mitnehmt! Nein, nichts von alledem. Es regnet und ein steifer Südwest fegt über das Wasser. An den gekräuselten Wellen sieht man, wie stark der unsichtbare Ventilator bläst. Im Stillen denke ich an die Überfahrt über Lough Ree. Ja, wir müssen den großen See queren und wir müssen heute nach Athlone zurück, weil morgen in aller Frühe unsere Maschine abfliegt.

Wie heißt es in der Liste der Sicherheitsbestimmungen: ,,Wenn der Wind zu stark ist, warten Sie notfalls eine Nacht das Abflauen des Windes ab, denn eine Passage über den See kann wegen der hohen Wellen recht unangenehm sein.'' Bis zum Schluß Nervenkitzel. Vielleicht mehr als nur ein Tropfen Streßsoße auf der Stirn. Wie werden wir ankommen?

Der Wetterbericht verheißt das Übliche: ,,Some showers, wind from southwest, sometimes strong, brighter later on. (Einige Schauer, Wind von Südwesten, bisweilen stark, später aufklarend.)''

Wann ist das later on? Schluß mit der Fragerei, jetzt wird erst noch gefrühstückt. Wir werden Kraft brauchen. Junge halt die Ohren steif!

Kurz nach neun haben wir, früher als sonst, das Frühstück beendet. Draußen wird es immer trüber. Regenschwaden peitschen gegen die Fenster. Es klopft. Der Schleusenwart, ganz in gelbes Ölzeug gehüllt, sagt mir, daß er die Schleuse für uns öffnen will. Gestern abend hatte ich ihm schon erzählt, daß wir heute aufbrechen wollten. ,,Wie wird das Wetter auf dem See sein? Glauben sie, daß es hohe Wellen geben wird?" frage ich ängstlich. Er meint: ,,Kann ganz schön ,,bumpy" werden. Sie haben aber ein großes und stabiles Boot. Da kommen Sie gut rüber."

Leinen los! Wendemanöver und als einziges Boot weit und breit schaukeln wir hinein in die Schleuse. Das letzte Mal. Kein heller Schimmer am Horizont, der meinen Pessimismus etwas dämpfen könnte. Ahoi. Wir müssen einfach.

Der Stom wälzt sich in langen Kehren in Rheindimensionen auf den See zu. Wir kriegen einen Vorgeschmack davon, wie es auf der weiten Wasserfläche rumpsen wird, wo jetzt schon schaumbekränzte Wogen kraftvoll gegen die Bordwand schwappen und ein unüberhörbares Schlagen verursachen. In diesem unwirtlichen Wetter wagt sich wohl keiner der Freizeitkapitäne raus. Auf dem ganzen Flußabschnitt begegnet uns kein einziges Boot. Die sind schlau. Die bleiben heute an der Kette liegen. Da der heftige Wind schräg von vorne weht, werden die Wellen vom Bug zerschnitten. Dabei spritzt die Gischt hoch, so daß ich den Scheibenwischer angeschaltet lassen muß.

Lanesborugh. Dort war es so schön und friedlich, als wir

vor einigen Tagen hier um die Mittagszeit festgemacht hatten, bis uns die Rockfans mit ihren heißen Rhythmen vertrieben. Im Sicherheitsbrevier steht: „Man erkundige sich vor der Einfahrt in den See, wie das Wetter und die Wellensituation dort sind." Ich überlege, wen ich frage sollte. Ich sehe am kurzen Kai drei Kabinenkreuzer, die keinerlei Anstalten machen zu starten. Die beherzigen den Rat, bei unsicherem Wetter vor der Einfahrt abzuwarten. Es sind bestimmt Fremde, die auch nur den Wetterbericht gehört haben. Außerdem, was habe ich davon, wenn ich weiß, da draußen stürmt und wackelt es, ich muß doch rüber. Wie zum Trotz schiebe ich den Gashebel nach der Brückendurchfahrt auf volle Kraft voraus. Hinein ins Vergnügen. Vogel friß oder stirb!

Der nördliche Teil von Lough Ree bleibt noch überschaubar. Die Ufer liegen ziemlich nah beieinander. Aber es bläst schon heftiger, die Schaumkronen sind wesentlich weißer und prächtiger als auf dem Fluß. Der anstrengendste Abschnitt unserer Reise ist eingeläutet.

Hinter der Clawinish Insel erreicht der Ree schon fast vier Kilometer Breite. Das Wasser ist ein Schaumteppich. Ständig treibt der Sturm die schätzungsweise anderthalb Meter hohen Wellen gegen den Bug. Die Sicht ist über dem quirligen Wasser ganz schlecht geworden, so daß man kaum die kilometerweit auseinanderstehenden Baken erkennen kann. In diesem Gequirle und Gewackel muß die „Caitriona" zeigen, was in ihr steckt. Es scheint, daß das Boot Wind und Wellen trotzen kann.

Die Kinder ziehen sich in die Ecken zurück und werden

kleinlaut. Isabels Gesicht läuft ein wenig grün an. Rita kämpft sich durch den Sturm aufs Vorschiff, um nach der nächsten Bake zu spähen. Einmal strauchelt sie. Mon dieu, ,,Mann über Bord" würde uns gerade noch fehlen. Doch sie fängt sich wieder.

Ich kann von innen nur wenig erkennen. Vor mir sehe ich nichts als eine breiige Masse. Immer wieder spritzt die Gischt hoch und fließt über die Aufbauten. Wenn nur die Wellen nicht noch höher werden. Das Boot ist nicht abgeschottet. Vorne liegt die Holzklappe lose über der Bugkabine. Wenn ein richtiger Brecher draufschlägt, dann läuft der Kahn voll. Hier kappe ich meine Gedanken, konzentriere mich voll auf den Kurs und stecke meine vierte Gauloise an. So viele Zigaretten hintereinander habe ich schon lange nicht mehr geblasen. Ich muß einfach meine Anspannung etwas kanalisieren. Ich bin kein erfahrener Skipper, den eine solche Sturmfahrt über den See einfach kalt läßt. Da schweben jede Sekunde Ängste mit, die ich nicht verscheuchen kann.

,,Verdammt, wo liegt denn jetzt die Bake Nr. 3?" rufe ich Rita zu. Sie arbeitet sich wieder nach vorne durch und beweist gehörigen Mut. Wir liegen hart am Wind. Endlos dehnen sich Sekunden. Da hat sie das Zeichen entdeckt. Es liegt ca. einen dreiviertel Kilomter weit backbord vor uns. Wir fahren demnach einen völlig falschen Kurs. ,,Denk dran, Junge, das ist ein tückisches Gewässer mit Untiefen und Riffs. Wenn du mit deinem Kahn da drauf kommst, dann prost Mahlzeit. Wer weiß, wann dann Hilfe kommt? Wenn wir nicht ganz absaufen zu den Hechten und Lachsen."

Die nächste Gauloise ist fällig, aber erst, nachdem ich auf richtigen Kurs gegangen bin. Hoffentlich erreichen wir heil die richtige Fahrrinne. Die Kinder sitzen nach wie vor still auf der Bank. Angst steht auf ihren Gesichtern Ein Stück lang rennt der Sturm gegen die Breitseite an. Das schaukelt noch mehr. — Wir schaffen es.

Ich denke an John Maynard: ,,Gischt schäumt vor dem Bug wie Flocken von Schnee, die Schwalbe fliegt über den Eriesee.'' Fontane hat das in dieser Ballade treffend ausgesprochen. Aber John Maynard war ein erfahrener Sailor. Ich bin erst auf dem Weg dahin.

Ich schaue auf die Uhr. Bis jetzt sind wir immer noch in der Zeit und das trotz der widrigen Umstände. Bis auf einen unfreiwilligen Schlenker können wir alle Zeichen an der richtigen Seite passieren. Allmählich läßt die Spannung nach.

Vor dem südlichen Seeausgang schwimmen uns zum ersten Mal während der Überfahrt zwei Boote entgegen. De haben sicher schon gute Kunde über das Abflauen des Sturms gehört. Sonst hätten die sich mit den Kähnen, die viel kleiner sind als unserer, kaum auf die Passage gewagt.

Tatsächlich beruhigen sich Wasser und Luft, als wir bei Big Yellow Island wieder in den Shannon einfahren. Der Bootskörper ist intakt geblieben. Keiner wurde über Bord gespült, kein Riff hat uns aufgespießt, keiner hat Neptuns kleinerem Bruder geopfert, keiner hat durchgedreht. Die Melodie von Beethovens Pastorale: ,,Froher Hirtengesang und dankbare Gefühle nach dem Sturm'' fällt mir ein, obwohl das hier Wasser ist und weit und breit keine Hirten zu sehen sind. Es tut so gut, diese Klänge zu hören, nachdem man eine solche Prüfung bestanden hat.

In dem Achter-Sportboot, das uns entgegenschießt, legen sich die Jungs mächtig ins Zeug. Das immer noch rauhe, aber schon merklich bessere Wetter, kann ihnen nichts anhaben. Sie haben keine Antenne für einen Gruß. Der Steuermann feuert sie heftig an.

Klötze fallen mir von der Seele. Plötzlich war alles doch nicht so schlimm. Wir kehren alle wohlbehalten in die Marina von Athlone zurück. Rita vertäut unseren Kahn, der uns inzwischen so vertraut geworden ist. Ich lehne mich zufrieden und stolz gegen die Polster der Sitzbank und lasse mir ein Guiness schmecken. Ich bin froh, diese Abenteuer alle überstanden zu haben. Die Entscheidung, auf Biegen und Brechen weiterzufahren, war richtig. Gemächlich kann nun die Flußreise zu Ende gehen.

Erst wird mittaggegessen. Fischstäbchen, Reis und Gemüse schmecken hervorragend und geben neue Energie. Nach dem Essen stapft der freundliche Mechaniker herein und inspiziert das Boot. Zwei Minuten dauert das bei der irischen Gründlichkeit. Mit so kleinen Dingen, wie der Reling, die von unserem Zusammenstoß bei Clonmacnoise immer noch in der Luft hängt, gibt er sich nicht ab. Alles in Ordnung.

Ich muß dann ins Büro, um einige Formalitäten zu erledigen und bekomme dort den hinterlegten Scheck über die Pfandsumme wieder. Als Abfahrtszeit legen wir am nächsten Morgen 6. 30 Uhr fest. Man bedeutet mir im Office, ich müßte die ,,Caitriona" volltanken lassen. Das heißt, daß wir noch einmal, das wirklich allerletzte Mal, die Leinen losmachen und die 100 Meter zur Tanksäule und wieder zurück fahren müssen. Selbst diese allerletzten Manöver stellen sich als knifflig heraus, denn der auf Nordwest gedrehte Wind drückt kräftig gegen das Boot. Rita muß uns mit dem Bootshaken vom Nachbarboot wegdrücken. Sonst kommen wir nicht raus.

Insgesamt 80 Gallonen, fast 400 Liter haben wir verbraucht. Gesamtkosten ca. 190 Mark. 340 km sind wir auf dem Shannon gefahren. 10 mal haben wir geschleust und bestimmt dreißig mal angelegt.

Vom Bequemmachen am letzten Abend kann keine Rede sein. Durch jede Ritze bläst es herein, so daß die Heizung kaum etwas ausrichten kann. Eine dunkle Wolkenwand nach der anderen schiebt sich von Nordwesten heran. Bisweilen drückt das Licht zaghaft zwischen zwei Dampfmassen durch und malt glänzende Flecke auf das grünbraune Wasser, das der Nordwest vor sich hertreibt. Düster fast schwarz erstreckt sich die kleine Landzunge an der Einfahrt zum Hafenbecken in den Strom. Wenn man sich die beiden schlanken Masten der Überlandleitung und das Tonnenlegerschiff, das zu Tal vorbeihuscht, wegdenkt, meint man sich in eine Taifunlandschaft hineinversetzt, mitten ins Auge des wirbelnden Giganten. Freilich fehlen die Kräfte des Wirbelsturms. Dazu bedarf es der tropischen Hitze, die völlig unbekannt ist auf diese Insel, die trotzdem schutzlos den Launen des Atlantiks ausgesetzt ist.

Das Bild könnte sich ein Maler als Hintergrund wählen, der einen Flottenkampf auf die Leinwand zaubern will. Er hätte einen geeigneten Rahmen, um das Schlachtgewitter drohend und unheimlich darzustellen, wenn er eine Verdammung solcher heroischen Ereignisse vorhätte. Ich schweife ab. Die Stimmung hat nichts Kriegerisches an sich. Eher eine Projektion dunkelnder Farben in das Reich der Melancholie hinein. Melancholie, die Frieden verheißt, Ruhe in sich selbst trotz der ständigen Attacken vom Atlantik her. Ja, selbst bei seiner Härte hat das irische Wetter einen weichen Kern bewahrt.

Dunkelheit breitet sich aus. Der letzte Tag auf dem Shannon ist vorbei. Morgen, wenn wir um 5. 30 Uhr die Kojen verlassen, wird es noch nicht Tag sein. Wir müssen dem Fluß, der uns zwei Wochen lang getragen hat, unter dem regenverhangenen Himmel lebewohl sagen.

Die Nacht ist wie gewohnt kalt. Man hat sich angepaßt in der kurzen Zeit. Man ist abgehärtet. Keinerlei Erkältungskrankheiten sind aufgetreten. Alle Tempotücher sind beim Wischen der feuchten Innenseiten der Scheiben draufgegangen. Es pfeift fortwährend ins Boot hinein. Nicht erlahmende Lebewohllaute. ,,Hui, vergeßt mich nicht! Ich hab' euch auf dem See ungeschoren gelassen. Ich bin euer Freund.''

20. 4.: ATHLONE — DUBLIN — DÜSSELDORF

Um 5. 30 Uhr klopft unser Fahrer an die Bordwand. Schnell stehen wir auf, machen ein einfaches Frühstück mit den Resten. Ein paar Sachen lassen wir stehen. Soll sich jemand, der es zuerst sieht, wegnehmen. Die letzten Dinge werden verpackt. Gegen 6. 30 Uhr schwanken wir mit den Koffern ein letztes Mal über die Planken. Der Chauffeur verstaut das Gepäck im VW-Bus. Pünktlich starten wir nach Dublin.

Wir fegen im 60-Meilen-Tempo über die völlig leeren Straßen. Langsam erwacht der Tag. Von der unheimlichen Stimmung des vergangenen Abends ist nichts mehr zu sehen. In einem Rausch von Pastellfarben kündigt sich die Sonne an.

Maurice steuert das Vehikel behutsam über die Landstraße. Er hat eine kleine aber kräftige Statur. Im zwanglosen Gespräch erfahre ich, daß er ein pensionierter Unteroffizier der irischen Armee ist und sich ein bißchen Geld dazuverdient. Vor sechs Jahren war er mit einem irischen UNO-Kontingent im Kongo und schwärmt mir vor, daß diese Zeit schön und abwechslungsreich war. Es gab viel Whiskey und Zigaretten. Alles billig. Allein die weite Flugreise dorthin war schon ein Erlebnis. Zwei seiner Söhne, drei Schwiegersöhne und sechs Neffen dienen als Berufssoldaten bei der Armee, die keine Wehrpflicht kennt. Ein Soldatenclan, der dazu beiträgt, daß die Streitmacht der Republik keine Nachwuchssorgen hat.

Schmucke, frisch angestrichene Häuser, von gepflegten Gärten umgeben, huschen vorbei. Kleine Städtchen schlafen noch. Auf einsamen Landstraßenstücken scheuchen wir die Krähen auf, die sich in Scharen auf dem Asphalt niedergelassen hatten.

Durch lange Vorstadtgassen mit rostroten Häuserzeilen streben wir dem Flugplatz entgegen. Ein Schauer rauscht hernieder und löscht die warmen Pastelltöne von eben völlig weg. Und wieder das Wunder des schnellen Szenenwechsels: Die Regenwolke wird auseinandergetrieben. Die Sonne bricht durch und ein schillernder Regenbogen spannt sich über das Land. ,,Irland, die Heimat der Regenbögen.'' So hat ein Autor ein Buch über dieses Land benannt. Wie könnte sich die Insel, Europas nordwestlicher Außenposten, freundlicher verabschieden als mit dieser Farbensymphonie.

Ohne Störungen erreichen wir den Flugplatz. Es ist jetzt halb acht. Der Flug wird kürzer sein als der Transfer von Athlone. Die Sonne bleibt da, als wir schon im Silbervogel sitzen und scheint warm durchs Kabinenfenster. Der Start verzögert sich eine halbe Stunde: ,,Sorry, we had some difficulties with the catering, (Entschuldigung, wir hatten Lieferschwierigkeiten bei der Bordverpflegung)'' entschuldigt sich der Captain.

Herrlich blau und reglos wie eine lackierte Fläche liegt die Irische See unter uns. Bald jedoch ist es aus mit dem Traum von Licht. Eine feiste und aufgedunsene, völlig undurchsichtige Wolkendecke hat sich zwischen Erde und Maschine geschoben. Der Flug wird unruhiger. Lang dehnt sich der Anflug auf Düsseldorf. Es rumpelt noch einige Male, ehe wir aufsetzen. Als die Räder den Boden berühren, klatschen etliche Passagiere. Die hatten wohl Angst, die sich auf diese Weise gelöst hat. Einige Reihen vor uns packen die bayerischen Angler die Whiskeyflaschen weg und setzen ihre gemsbartverzierten Trachtenhüte auf. Ich schaue einmal genau hin: Es sind nicht die Leute, denen ich den betrunkenen Kameraden zurückgebracht hatte. Das war in Banagher in stockfinstrer Nacht. Schwamm drüber. Erinnerung.

Rauhe Wirklichkeit in Deutschland. 7 Grad, regnerisch, Schauerwetter. Dichter Autoverkehr, schlechte Luft. In den Vorgärten blühen die Forsythien. Der Sprung hierher in das überbevölkerte Mitteleuropa vollzieht sich zu schnell. Eben noch war man von dem friedlichen Fluß und seinen Ufern umgeben und jetzt hämmert, lärmt und stinkt es wieder um einen rum.